실수하지
않는
사람들의

사소한
습관

# 실수하지 않는 사람들의

이이노 겐지·우쓰데 마사미 지음
이효진 옮김

## 사소한 습관

**"한 번은 괜찮아,
두 번이 문제지."**

필름

**일러두기**

- 책에서 소개된 Microsoft Word와 Excel 등의 조작 방법은 Microsoft Office365 ProPlus에서 동작을 확인한 것입니다. 이용하는 소프트웨어 버전이나 종류에 따라서 약간의 차이가 날 수 있습니다.

- 책에 기재된 회사명, 상품명, 제품명 등은 일반적으로 각사의 등록상표 또는 상표입니다. 이 책에서는 ®이나 ™마크는 명기하지 않았습니다.

- 본문 내 인용 번호의 참고자료는 해당하는 각 장별 마지막 페이지에서 확인 가능합니다.

# 실수는 조심한다고
# 없어지지 않는다

이이노 겐지

"파일을 첨부하지 않고 메일을 보내버렸다."

"서류에 오타를 냈다."

"또 뭔가를 놓고 왔다."

일상생활을 하며 누구나 사소한 실수를 합니다. 그때마다 다음부터는 조심해야겠다고 생각하지만 그래도 같은 실수를 반복합니다. 대체 왜 그럴까요?

저는 도쿄 대학교에서 실패학으로 유명한 하타무라 요타로<sup>畑村洋太郎</sup> 교수에게 기계설계에 대해 배웠고 그 후 미국에 건너가 원자력 발전소 설계와 유지 보수 업무를 했습니다. 그리고 스탠퍼드 대학교 기계공학과에서 기계공학·정보공학 박사학위를 취득했고 지금 디스쿨<sup>d.school</sup>의 모체인 스탠퍼드 디자인 그룹에서 창의력에 대해 배웠습니다. 그 모든 경험을 은사인 하타무라 교수와 함께 세운 실패학회에서 실패 분석과 정보 전달을 할 때 활용하고 있습니다.

그러한 저의 경험을 바탕으로 도출할 수 있는 결론은 실패나 실수는 조심한다고 없어지지 않는다는 사실입니다. 일하면서 하는 사소한 실수, 필요한 물건을 챙기지 않는 실수. 이러한 일상적인 실수를 한 후에 사람들은 대체로 '다음부터는 그러지 말아야지.'라고 생각합니다. 하지만 그래도 실수는 대부분 반복됩니다.

조심한다고 해도 좀처럼 나아지지 않기 때문에 인간의 창의력과 실수 경험을 공유함으로써 세상의 실패·사고·실수를 없애고자 하는 것이 실패학회가 하는 일입니다. 그저 조심하기만 하는 것이 아니라 창의력을 발휘해 실수를 줄일 수 있는 하나의 프로세스를 더 추가하는 것입니다. 예를 들어, 틀에 박힌 회사 서류 그 자체를 바꾸지는 못하더라도 컴퓨터 화면을 조정해서 서류를 다른 각도에서 다시 한번 확인한다면 애쓰지 않아도 실수를 줄일 수 있습니다.

## 우리는 왜 이렇게 지쳐 있고 실수를 반복하는 걸까?

현대 사회를 살아가는 우리는 옛날 사람들과 비교할 수 없을 정도로 많은 정보를 주고받고 있습니다. 우리가 하루에 접하는 정보량이 에도시대(1603~1867년, 에도 지역이 정치의 중심이었던 시대-옮긴이) 사람들의 1년 치에 해당한다고 합니다.[1] 제가 처음 전자 메일을 보낸 것은 1987년, 스탠퍼드 대학교에서 석사 과정을 밟을 때였습니다. 제 기억으로는 그해에 메일을 단 1통만 보냈습니다.

그 후로 20년 이상이 지난 지금, 메일함에 오는 메일 수는 스팸 메일함으로 걸러지지 않은 스팸 메일까지 합하면 하루에 수백통이 넘습니다. 중요한 메일은 많을 때는 100통이 넘고 비교적 메일이 적게 오는 공휴일에도 10통은 옵니다. 직종에 따라 다르겠지만 대부분의 근무 시간을 컴퓨터와 씨름하는 사람이라면 다들 비슷하리라고 생각합니다.[2]

정보는 기하급수적으로 늘어났는데 우리 인간은 원시시대와 비교해 크게 바뀌지 않았습니다. 아직 답을 하지 못한 메일이 머릿속에 남아있거나 곧 다가올 이벤트 준비를 마치지 않은 상태라면 스트레스를 받을 수밖에 없습니다. 대량의 정보 처리뿐만 아니라 꼭 참석해야 하는 회의, 반드시 가야만 하는 이벤트 현장 등 자신의 일정만으로도 관리가 힘든데 다른 사람의 일정까지 기억해야 할 때도 있습니다.

정보가 넘쳐나는 현대 사회에서 기억만으로 일정을 관리하는 일은 이제 불가능해졌습니다. 이 책에서는 인지과학·뇌과학의 관점, 실패학, 스탠퍼드 대학교에서의 경험을 바탕으로 실수를 줄이는 방법을 소개합니다. 제가 쓴 부분은 자신의 노력과 정신력에만 의존하는 것이 아니라 시스템과 아이디어, 훌륭한 도구를 사용해 실수를 줄이는 방법에 대해 이야기합니다.

# 속도와 정확성을
# 둘 다 잡을 수 있을까?

이이노 겐지

빨리하려고 하면 아무래도 대충대충 하게 되고 실수도 잦아집니다. 꼼꼼하게 하려고 하면 속도가 느려집니다. 이러한 현실 앞에서 고민하는 사람도 많지 않나요? 결론부터 말하면 속도와 정확성은 둘 다 잡을 수 있습니다.

첫 번째 방법은 자동화를 이용하는 것입니다. 일정표나 주소록, 청구서 등을 모두 엑셀에 수기로 입력하려고 하면 틀릴 가능성도 커지고 시간도 오래 걸립니다. 하지만 요일이나 일정, 우편번호 등을 자동으로 입력하거나 자동으로 계산하는 방법을 알고 있다면 시간도 적게 걸리고 실수도 없어집니다.

또 한 가지는 자신에게 부담되지 않는 시스템을 만드는 것입니다. 잘못된 부분이 있으면 원인을 찾아내고 주의력이 부족하더라도 그러한 실수가 다시 일어나지 않도록 하는 시스템을 만들어야 합니다. 나중에 또 설명하겠지만 미국에서는 실수가 발생하면 바로 이를 개선하기 위한 시스템을 하루빨리 구축하려고 고민합니다. 일하면서 그 시스템이나 프로세스를 개선해나간다면 조금 더 빠르게 실수 없이 일할 수 있게 될 것입니다.

## 허둥대는 것과 일을 빨리하는 것은 다르다

빠른 속도와 정확성을 동시에 만족할 수 없다고 오해하는 이유는 많은 사람이 '빠르게' 일을 처리하는 것이 아니라 '허둥대며' 일을 처리하고 있기 때문입니다. 업무를 어떻게 처리해야 할지 잘 몰라 당황한 채로 일하다 보니 허둥대게 됩니다. 무조건 빨리해야겠다고 생각하면 실수도 늘어납니다.

한편, 업무 처리 속도가 빠른 사람은 무슨 일을 맡겨도 가리지 않고 빠르고 능숙하게 업무를 처리합니다. 그렇게 할 수 있는 이유는 효율적으로 일하는 방법을 이미 알고 그것을 실제 업무에 적절하게 적용하기 때문입니다. 기본 원칙을 잘 알고 있기 때문에 정확도도 높고 업무를 하면서 항상 더 나은 방법을 찾습니다.

효율적으로 일하는 방법은 업무에 따라서 다르겠지만 저는 업무를 맡게 되면 우선 결과를 상상해보고 그러한 결과를 내기 위해 어떤 조건을 충족시켜야 하는지 생각합니다. 그리고 조건을 충족시키기 위해 필요한 자원을 적절하게 배분한 후 일을 시작합니다. 시간이 부족하다고 생각되면 어떤 조건을 생략할 것인지, 어떤 조건에 힘을 덜 들일지 고민합니다.

또 작업 시간이 짧을 때는 물론이고 지금 작업하는 결과물을 나중에 다시 활용할 가능성이 있을 때는 지금 당장은 시간이 조금 더 들더라도 컴퓨터를 이용해 자동화 시킵니다. 장기적으로 보면 그편이 더 효율적이기 때문입니다.

"어떻게 하면 실수 없이 빠르게 일을 마칠 수 있을지 미리 생각하고 컴퓨터의 자동화를 이용해 작업한다."는 기본 원칙을 잘 기억하고 있으면 허둥대지 않고 빠르게 작업을 마칠 수 있습니다. 반면, 요령이 없는 사람은 한 가지 방법을 배우면 유연하게 생각하지 못하고 모든 업무에 같은 방식만을 고집합니다. 성격이 다른 업무인데도 같은 방식을 적용하려고 하다 보니 효율도 떨어지고 실수한다는 사실조차도 깨닫지 못합니다.

선배에게 인계받아 작성하는 서류나 전표 포맷에 불필요한 입력 항목이 있거나 자동 계산할 수 있는 부분을 수기로 입력하고 있는데도 수정하지 않고 그대로 사용하는 사람도 있습니다. 엑셀이든 워드든 어쨌든 정보를 입력만 하면 된다고 생각할지 모르겠지만 불필요한 노력을 한데다가 실수할 가능성도 높아지는 업무 처리 방식을 반복하고 있는 것입니다.

이런 식으로 일할 때 가장 큰 문제는 불필요한 일을 하는 데에 에너지를 다 써버린다는 것입니다. 효율적으로 업무를 해서 빨리 마치면 나중에 실수가 없는지 확인할 시간도 충분히 확보할 수 있고 업무 개선을 위해 고민할 여유도 생깁니다.

본인은 노력하고 있다고 생각할지 모르겠지만 방법이나 시스템을 전혀 개선하지 않은 채로 그저 시킨 대로 일하다 보면 컴퓨터가 할 수 있는 일은 컴퓨터에 맡기고, 컴퓨터가 할 수 없는 일에 집중하는 사람에게 뒤처질 수밖에 없습니다.

노력이 나쁘다고 말하려는 것은 결코 아닙니다. 물론 업무를 배울 때는 노력하는 자세가 필요합니다. 하지만 실제 업무를 할 때도 노력이 필요하다면 잘못된 방식으로 일하고 있는 것입니다. 항상 배우겠다는 마음은 잊지 않고 효율을 높이고자 하는 자세가 속도와 정확성을 둘 다 잡는 기술을 습득하기 위한 첫걸음입니다. 이 책에서는 이를 위한 다양한 힌트를 소개하고 있으니 참고하시길 바랍니다.

# 실수를 줄이는
# 가장 과학적인 방법

우쓰데 마사미

함께 이 책을 쓴 이이노 씨가 오랫동안 실패학을 연구했던 경험을 바탕으로 말한 것처럼 조심해야겠다는 다짐만으로 실수는 없어지지 않습니다. 왜냐하면 무언가를 조심할 때 사용하는 뇌의 주의력에는 한계가 있기 때문입니다.

지금 23×79를 암산으로 계산하면서 여기 있는 문장을 읽어 보세요. 암산을 잘하는 사람은 가능할지 모르겠지만 대부분의 사람은 암산을 하는 데 정신을 빼앗겨 문장을 읽는 데는 신경 쓰지 못할 가능성이 높습니다. 그런데 동시에 "지금 주변에서 누군가의 목소리가 들리나요?"라는 질문을 받는다면 선뜻 답하기가 힘듭니다. 암산하거나 글을 읽는 데에 주의력을 빼앗겨 주변의 목소리에 신경 쓸 여력이 없었기 때문입니다.

다시 한번 실감하지 않으셨나요? 우리는 항상 주

의력을 사용합니다. 그리고 한꺼번에 사용할 수 있는
주의력에는 한계가 있습니다. 한 부분을 신경 쓰다 보
면 다른 부분은 아무래도 소홀해질 수밖에 없습니다.
조심해야겠다고 마음먹어도 쉽게 실수가 사라지지 않
는 것도 이러한 이유 때문입니다.

뇌 연구는 최근 수십 년 동안 활발하게 이루어졌
고 우리가 어떻게 상황을 인식하고 생각하는지에 대
한 메커니즘이 밝혀지고 있습니다. 뇌과학, 인지과학
이라고 불리는 분야입니다. 그중에서 밝혀진 사실은
우리의 뇌는 꽤 허술하다는 것입니다. 인간의 주의력
에는 한계가 있기 때문에 외웠다고 생각했는데 바로
잊어버리기도 하고 제대로 보는 것 같지만 사실은 대
충 보고 있을 때도 있습니다. 뇌는 원래 실수를 잘 하
는 메커니즘입니다. 실수를 없애기 위해서는 우선 이
사실을 받아들여야 합니다.

우리의 뇌는 주의력 용량에 한계가 있지만 동시에
다양한 노력을 통해 이러한 한계를 극복하는 '실수하
지 않는(실수하지 않도록 노력하는) 메커니즘'을 가지고
있기도 합니다. 그중 하나가 암묵 기억implicit memory입니
다. 하나하나 주의해서 보지 않더라도 무의식중에 현
재의 행동에 영향을 주는 기억입니다. 이 글을 편하게

읽을 수 있는 이유도 지금까지 축적해 온 언어에 대한 암묵 기억이 있기 때문입니다.

다만, 아이러니하게도 이 암묵 기억의 작용 때문에 지식이나 과거의 경험에 얽매이게 되어 착각, 고집 등으로 인한 실수가 발생합니다. 역시 우리의 뇌는 '(안 그러려고 노력은 하지만) 실수하기 쉬운 메커니즘'을 가지고 있는 것입니다.


## 실수를 없애고 업무 속도도 빨라지는 뇌 사용법


저는 30년 이상 속독과 카운슬링, 코칭을 실천하고 연구하면서 주의력(작업 기억)과 암묵 기억 등 뇌과학과 인지과학을 접했고 이를 통해 새로운 세상을 보게 되었습니다. 현재는 많은 사람이 고민하는 실수를 통해 뇌의 메커니즘을 알리고 제대로 활용하는 방법을 가르쳐주는 일을 하고 있습니다.

'(자주 실수하지만) 노력하고 있는 뇌'를 이해하면 실수가 발생하는 원인을 알 수 있고 실수를 없앨 수 있습니다. 그것뿐만이 아닙니다. 뇌를 어떻게 하면 효율적이고 효과적으로 쓸 수 있는지 깨닫게 됩니다.

집중한다는 것은 무엇을 의미할까요? 집중이 안 될 때는 뇌 속에서는 무슨 일이 일어나고 있을까요? 생각하는 힘을 최대한으로 발휘하려면 무엇이 필요할까요? 그것은 모두 주의력과 연관이 있습니다.

인간의 업무가 기계나 컴퓨터, 인공지능^AI으로 대체되고 있는 지금, 우리에게 필요한 것은 뇌를 효율적으로 활용하고 생산성을 높이는 일입니다. 시스템을 효과적으로 활용해 뇌의 생산성을 높이면 실수를 줄일 수 있고 업무도 빠르게 처리할 수 있습니다. 이 책을 통해 실수를 없애고 '(자주 실수하지만) 노력하고 있는 뇌'를 이해하며 조금 더 친해지기를 바랍니다.

1    @DIME, 〈현대인이 하루에 접하는 정보량은 에도 시대의 1년 치다?!〉, 2018년 10월 2일 [https://dime.jp/GENRE/603611/]
2    일반사단법인 일본 비즈니스메일협회, 〈비즈니스 메일 실태조사 2018〉, 2018년 6월 5일 [https://businessmail.or.jp/research/2018-result/]

차례

**들어가며**

---

| PART |  |
|------|--|
| **0** | **실수를 만들지 않는 사고법** |

---

| PART |  |
|------|--|
| **1** | **회사에서 실수할 때가 많아요** |

## PART 2 | 왜 자주 깜빡할까요?

---

**PART 3** | **메일을 실수 없이
보내고 싶어요**

---

PART

**0**

실수를
만들지 않는
사고법

# 실수를 곧바로
# 시스템화한다

이야노 겐지

'들어가며'에서 실수는 조심한다고 없어지지 않는다는 말을 했습니다. 그렇다면 어떻게 해야 할까요? 실수를 없애려면 원인을 찾아서 실수하지 않는 시스템을 구축해야 합니다. 제가 스탠퍼드 대학교에서 있었을 때의 일입니다. 해외에서 일하는 사람들은 경험이 있겠지만 일본인은 미국인의 단점으로 사과하지 않는다는 점을 꼽습니다.

일본인은 일하다가 실수하면 즉시 사과합니다. 바로 "죄송합니다."라는 말을 하는 경향이 있습니다. 하지만 미국인은 사과하지 않습니다. 대신에 "이러이러해서 이렇게 되었습니다."라고 설명하고 앞으로 어떻게 해야 할지 곧바로 해결책에 대해 생각합니다. 사실

사과를 한다고 문제가 해결되지는 않습니다.

미국에서는 그 사람의 '인격'과 '일'을 분리해서 생각합니다. 예를 들어 매니저인 브라운 씨가 있다고 해 봅시다. 대부분의 미국인은 브라운 씨가 어쩌다 보니 매니저라는 일을 하고 있을 뿐이고 인간 브라운과 매니저 브라운은 다른 인격체라고 생각합니다.

따라서 브라운 씨가 일하다가 실수하더라도 그것은 매니저 브라운이 한 실수이지 인간 브라운이 한 실수는 아니기 때문에 사과하지 않는 것입니다. 그리고 어떻게 해야 다음에는 실수하지 않을지 함께 생각해보자는 방향으로 사고가 흘러갑니다.

일본은 어릴 때부터 그렇게 가정 교육을 받아서인지 평균적으로 미안하다는 말을 많이 합니다. 그리고 '인격'과 '일'을 하나로 보는 경향이 있습니다. 그래서 실수하면 개인이 책임을 추궁당하는 경우가 많고 실수한 사람은 그 실수를 오랫동안 마음에 담아둡니다. 미국처럼 바로 생각을 전환해서 실수하지 않으려면 어떤 시스템을 구축해야 하는지 생각하는 편이 심리적으로도 편안하지 않을까요?

## 실수하고 나서 우울해하지 않으려면?

최근 걱정스러운 점이 사소한 실수를 하고 나서 우울해하는 사람이 꽤 많다는 사실입니다. 얼마 전, 한국 방송국에서 '자살'을 주제로 한 프로그램을 만든다며 실패학을 취재하러 왔습니다. 한국은 OECD 가입국 중에서 가장 자살률이 높은 나라입니다.[1] 일본에서는 다행히 자살이 줄어들고 있지만 그래도 선진국 중에서는 많은 편으로 OECD 국가 중에서는 다섯 번째로 많습니다.

일본도 한국도 사회적인 압박감이 크다 보니 실수하면 '나는 쓸모없는 인간이야.'라고 생각하며 우울해하는 사람이 많습니다. 속상한 마음은 충분히 이해되지만 이미 저지른 실수는 빨리 잊어버리고 자기 자신과 자신의 직업을 분리해서 생각해야 합니다. 그래야 스트레스도 사라지고 마음 편하게 일할 수 있어 실수도 줄어듭니다. 그리고 만약 실수하더라도 다음부터는 실수하지 않기 위한 더 좋은 방법을 찾아낼 수 있습니다.

하지만 코로나19가 장기화하면서 현실적인 문제로 인해 자살하는 사람이 늘고 있습니다. 다양한 사

회 안전망이 있다는 사실을 많은 사람이 알고 활용했
으면 하는 바람입니다.

## 정신력만으로 실수가 줄어들지 않는다

'정신 똑바로 차리자!'와 같이 정신력만 강조해서
는 실수가 사라지지 않습니다. 검도의 달인처럼 오랫
동안 정신 수양을 한 사람이라면 모를까 사무실에서
일하는 사람들은 정신력만으로 모든 일이 다 원하는
대로 흘러가지는 않습니다. 공저자인 우쓰데 씨의 "주
의력에는 한계가 있다."라는 말이 적절한 표현이라고
생각합니다.

실수를 줄이는 데 효과적인 방법은 한 번 실수했
을 때 다시 그러한 실수를 하지 않기 위한 시스템을
만드는 것입니다. 그렇게 하면 실수도 줄어들고 전체
생산성의 평균치가 높아집니다. 예를 들어 자신이 회
사에서 실수를 했고 이를 계기로 그 실수를 없애기
위한 시스템을 구축해서 모두에게 공유한다면 회사
의 생산성이 높아질 것입니다.

기술이 발달하면서 지금은 실수를 예방하기 위한

방법에 대해서도 연구가 이루어지고 있습니다. 예를 들어 웹사이트에서 특정 연령 이하는 이용할 수 없는 서비스라면 예전에는 "○○살 이하는 이 버튼을 누르지 마세요."라고 주의 사항을 표시하기만 했다면 이제는 처음부터 이용 불가능한 사람에게는 버튼 자체가 생기지 않게 하는 등 애당초 문제가 생기지 않도록 하는 시스템을 만들고 있습니다. 이 책에서는 다른 업종의 실수 예방 시스템을 응용하거나 기술을 활용한 '실수를 줄이는 방법'도 소개하고 있습니다. 시대에 따라 그때그때 할 수 있는 일은 달라집니다.

지금 있는 서비스나 프로그램을 잘 활용하면 새로운 기능도 만들 수 있습니다. 물론 한계가 있지만 앞으로 기술이 더 발전하면 실수도 그 모습이 달라지지 않을까요? 우리가 자신의 주의력 부족 때문이라고 자책하게 되는 사소한 실수는 사라지고 과거에는 하지 않았던 새로운 실수 때문에 고민하게 될 것입니다. 이것이 현재 디지털 혁명의 묘미가 아닐까 생각합니다.

기계가 아무리 발달했다고 해도 아직 인간의 능력에는 미치지 못하는 경우도 많습니다. 기계가 실수를 완전히 없애주는 시대가 오려면 아직 시간이 걸릴 듯

합니다. 여기서는 지금 할 수 있는 일을 소개해 보겠습니다.

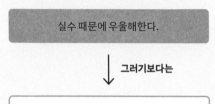

실수했다고 우울해하지 않는다

실수 때문에 우울해한다.

↓ 그러기보다는

'실수를 안 하려면 어떻게 해야 할까?'
고민한다.

# 사소한 실수를 하는 5가지 요인

이제 실수하는 이유를 조금 더 자세히 파헤쳐보겠습니다. 일본 문부과학성(한국 교육부에 해당-옮긴이)은 2001년에 '실패 지식 데이터베이스'를 구축했습니다. 공업 관련 사고 사례를 1,000건 이상 수집해 해설한 자료인데 최근에는 실패학회에서 공개하고 있습니다. 이 데이터베이스는 공업 분야의 사고 원인을 분류해 사고를 분석한 자료입니다. 특히 우리가 사무실에서 하는 실수는 다음 5가지 요인과 연관성이 높다고 볼 수 있습니다.

## 1. 주의력 부족

'깜빡깜빡하는 실수'의 주요 원인입니다. "약속을

깜빡했다.", "오탈자가 있었다."와 같은 실수부터 "기둥
이 있는 줄 모르고 걸어가다가 부딪혔다." 등 자신이
인지하지 못했던 실수까지 여기에 포함됩니다.

### 2. 전달력 부족

커뮤니케이션과 관련된 실수입니다. "△△자료를
○일까지 제출해 주세요."라는 업무 의뢰를 받았을
때 날짜나 내용을 틀리는 실수를 말합니다. 이것은 전
달받은 사람뿐만 아니라 전달을 한 사람이 말을 명확
하게 하지 않았을 때도 발생합니다.

### 3. 허술한 계획

작업량 부족(충분히 작업을 하지 못했다), 허술한 계
획(시간 계산이 정확하지 않아 마감 기한 내에 일을 끝내지
못했다), 관리 부족(업무를 잘 조율하지 못해 납기를 맞추
지 못했다), 능력 및 경험 부족(필요한 능력을 잘못 예측
해 업무를 해내지 못했다) 등의 상황을 말합니다. 모두
계획 단계에서 개선할 수 있었던 실수입니다.

### 4. 학습 부족

숙지하고 있어야 하는 내용을 몰라서 발생한 실수

입니다. 예를 들면, "회의에서 슬라이드를 화면에 띄워서 설명할 거니까 프로젝터 준비해 놔."라는 지시가 있었을 때 프로젝터의 사용법을 모르면 지시 사항을 수행할 수 없고 실수할 가능성도 커집니다.

### 5. 자연(불가항력, 윤리)

피하려고 해도 어쩔 수 없이 발생하는 실수를 말합니다. 예를 들면 지방으로 출장을 갔는데 한 시간에 한 편밖에 없는 열차가 지진으로 인해 움직이지 않아 회의 시간에 늦었다거나 회의에 가는 도중에 할머니가 계단에서 넘어져 크게 다치는 바람에 구급차를 부르고 기다리느라 지각한 상황 등을 말합니다. 이것은 물론 실수이기는 하지만 어쩔 수 없는 상황이라고 할 수 있습니다. 이것이 유일하게 허용되는 실수입니다.

1~4번까지는 시스템화를 통해 대책을 마련하면 되고 5번처럼 도저히 피할 수 없는 상황이라면 크게 신경 쓰지 않아도 됩니다. 이렇게 실수를 잘 다스리는 방법을 생각해야 합니다.

# 업무 전체의
# 효율화를 생각한다

　'들어가며'에서 '속도'와 '정확성'에 대해 이야기했는데 효율화 관련해서 기억해야 하는 것은 '투자 대비 효과'의 원리입니다. 이것은 업무 그룹이나 회사 전체, 궁극적으로는 고객이나 협력 업체도 포함해서 효율화를 고민해야 할 때 사용되는 개념입니다. 본인이 매니저라고 가정해 봅시다.

- A씨는 10시간에 2가지 일을 할 수 있습니다.
- B씨는 10시간에 8가지 일을 할 수 있습니다.

　눈앞에 해야 할 일이 10개가 있다면 일을 어떻게 나누어야 할까요?

균등하게 배분하면

- A씨에게 5개 할당 – 25시간 걸린다.
- B씨에게 5개 할당 – 6시간 조금 넘게 걸린다.


B씨에게 모두 배분하면

- A씨에게 0개 업무 할당 – 0시간 걸린다.
- B씨에게 10개 업무 할당 – 12시간 반 걸린다.


능력이 다른 작업자가 2명 있을 때는 일을 균등하게 배분하는 것이 아니라 더 뛰어난 능력을 갖추고 있는 사람에게 많은 작업을 맡기는 편이 두 사람의 총 작업 시간이 줄어듭니다. 그리고 이 두 사람이 동시에 작업을 할 때 걸리는 시간을 최소화하려면 능력을 고려해서 업무를 배분해야 합니다. 그렇게 하면 두 사람이 동시에 작업을 끝낼 수 있고 가장 짧은 시간 안에 작업을 모두 마칠 수 있습니다.


능력을 고려한 업무 배분

- A씨에게 2개 업무 할당 – 10시간
- B씨에게 8개 업무 할당 – 10시간

조직 전체적으로 봤을 때 어떻게 업무를 배분하면 비용, 시간, 노력 등을 효율적으로 활용할 수 있는지 고민해야 합니다.

## 전체적으로 봤을 때 효율적인가?

이러한 방식을 개인적인 일에 응용할 때도 "전체적으로 봤을 때 어떻게 하면 가장 효율적인가?"를 생각해야 합니다. 실패학회에서는 3개의 분과회가 있는데 각 분과회의 구성원과 집행 임원의 메일링 리스트가 따로 있습니다. 집행부에 메일을 보낼 때 참조CC에 구성원 메일링 리스트를 넣어서 보내면 집행부 사람이나 여러 분과회에 들어가 있는 사람은 같은 메일을 여러 번 받게 됩니다. 이럴 때 어떻게 하면 좋을까요?

실제로 메일링 리스트를 처음 시작했을 때는 같은 메일이 여러 번 오는 것을 불편해하는 사람도 있었습니다. 하지만 저는 투자 대비 효과를 생각했을 때 효율적이라고 설명했고 다들 수긍했습니다. 같은 메일을 여러 번 받은 사람이 하나만 남기고 나머지를 지우는 일은 한순간입니다. 하지만 메일을 보내는 사람이 어느 메일링 리스트에 누가 등록되어 있고 중복되지 않으려면 누구를 빼야 할지 따져보고 생각하는 일은 시간과 노력이 많이 듭니다. 게다가 잘못하다가는 중요한 사람을 빼먹고 메일을 보내게 될 위험성도 있습니다.

이러한 일들을 신경 쓰지 않고 리스트에 있는 모두에게 메일을 보내는 편이 실수를 줄일 수 있고 효율적으로 업무를 할 수 있습니다. 투자 대비 효과라는 개념은 다양한 상황에 적용할 수 있습니다. 예를 들면 상사가 "그때 보낸 메일 말인데……."라고 말을 꺼냈을 때 그 메일이 어디에 있는지 찾지 못할 수도 있습니다. 그럴 때도 효율을 따져봐야 합니다.

메일을 찾지 못한다는 사실이 부끄러워서 그런 것인지, 업무 태도가 좋지 않다는 평가를 들을까 봐 걱정돼서 그런 것인지 모르겠지만 사라진 메일을 무작정 찾는 사람도 있습니다. 하지만 메일이나 파일이 사라져서 곤란할 때는 주저하지 말고 상사나 관계자에게 물어보는 편이 더 효율적입니다.

왜냐하면 당황하면서 찾는 데도 시간과 노력이 들기 때문에 결코 조직에 도움이 되지 않습니다. 게다가 당황하며 일하면 업무 스트레스도 쌓입니다. 직장에서는 모르면 모른다고 편하게 이야기하고 서로 도움을 줄 수 있는 분위기를 만들어야 합니다.

# 뇌의 주의력을
# 엉뚱한 곳에
# 낭비하지 않는다

마음이 없으면 보아도 보이지 않고 들어도 들리지 않으며
먹어도 그 맛을 알지 못한다.

《대학大學》

　마음이 없으면, 즉 주의를 기울이지 않으면 상황
을 정확하게 파악할 수 없습니다. 실수를 줄이려면 주
의력이 얼마나 중요한지 느끼셨으리라고 생각합니다.
그래서 실수하지 않도록 주의해야겠다고 매번 다짐하
지만 우리의 뇌가 가지고 있는 주의력에는 한계가 있
기 때문에 모든 일을 다 조심하고 신경 쓸 수는 없습
니다. 아무래도 놓치는 부분이 생기게 마련입니다.
　여기서 세계적으로 잘 알려진 인지과학 실험을 소

개하겠습니다. 하버드 대학교의 심리학부에서 실시한 실험으로 사람들이 농구공을 주고받는 30초 정도의 동영상을 보고 몇 번 패스했는지 세는 것입니다. 동영상에는 흰색 유니폼을 입은 팀과 검은색 유니폼을 입은 두 팀이 등장하는데 흰색 유니폼을 입은 팀의 패스를 세는 것이 주어진 과제입니다.

아직 이 영상을 보지 않았다면 그리 오랜 시간이 걸리지 않으니 일단 이 책을 덮고 영상을 본 후 다시 책으로 돌아와 주시기 바랍니다. 유튜브에서 'selective attention test'[2]를 검색하면 동영상을 볼 수 있습니다. 동영상 조회수는 2,760만 번에 달합니다. (2022년 7월)

## 주의력에 여유가 없으면
## 큰 고릴라도 인지하지 못한다

영상을 보고 오셨나요? 맞습니다. 이 실험은 패스 수를 정확하게 셀 수 있는지를 알아보기 위한 실험이 아닙니다. 영상 제목에 있는 'selective attention'은 '선택적 주의'로 번역됩니다. 이것은 주의력에 관한 실험으로 패스를 하는 사람들 사이를 고릴라 인형 탈을 쓴 사람이 왔다 갔다 하는데 이 사실을 인지할 수 있는지를 알아보는 실험입니다. 고릴라가 가운데서 가슴을 치면서 존재감을 드러내는데 반 이상의 사람들은 고릴라의 존재를 눈치채지 못합니다. 공보다 고릴라가 훨씬 더 큰데도 말이지요.

왜 화면 한가운데를 당당하게 지나가는 고릴라를 보지 못할까요? 아무리 공에 집중하고 있었다고 해도 저렇게 큰 고릴라는 못 봤을 리가 없다고 생각하는 사람도 있을 것입니다. 분명, 공의 움직임만을 쫓고 있었다면 고릴라가 나왔다는 사실을 눈치챘을 것입니다. 하지만 이 실험은 그것뿐만이 아니라 검은 유니폼을 입은 팀의 패스는 무시하고 흰색 유니폼의 패스 수만 세야 했습니다. 이렇게 여러 가지 상황을 신경 쓰다 보니 주의력은 한계에 다다랐고 그 결과 고릴라의 등장을 눈치채지 못한 것입니다.

그 정도로 주의력이 한계에 다다르냐고 놀라는 사람도 있겠지만 우리 뇌의 주의력 용량은 그 정도에 불과합니다. 주의력을 다 쓰면 갑자기 등장한 큰 고릴라도 알아차리지 못할 만큼 뇌는 실수를 하기 쉬운 메커니즘을 가지고 있습니다.

## 뇌 정보 처리의 핵심인 작업 기억

실수를 없애기 위해 꼭 필요한 것이 '주의력'입니다. 하지만 주의력의 용량에는 한계가 있습니다. '주의해야지!'가 아니라 '주의력을 효과적으로 사용하자!'라고 생각해야 합니다. 그렇다면 어떻게 해야 주의력을 효과적으로 사용해서 실수를 줄일 수 있을까요? 자세한 이야기를 하기 전에 주의력을 필요로 하는 중요한 작업에 대해 알아보겠습니다.

그것은 바로 작업 기억working memory입니다. 특정 목적을 위해 정보가 일시적으로 기억하고 처리하는 능력입니다. 앞서 언급한 실험에서는 농구공을 패스한 횟수를 세기 위해 지금까지 했던 패스 횟수를 기억하고 추가로 패스할 때마다 1을 더해야 하는데 이러한 일을 작업 기억이 담당합니다.

작업 기억을 과거에는 '단기 기억'이라고 불렀는데 단순히 기억만 하는 것이 아니라 정보를 처리하고 우리의 인지·사고를 가능하게 하는 기능으로 주목을 받았고 수십 년에 걸쳐 연구가 이루어졌습니다. 지금도 뇌과학, 인지과학 분야에서 활발한 연구가 이루어지고 있는 중요한 주제입니다.

사실은 지금 이 순간에도 사람들은 작업 기억을 사용하고 있습니다. 책을 보면서 지금까지 읽은 내용을 작업 기억에 저장하고 지금 읽고 있는 내용과 연결하면서 내용을 이해합니다. 만약 작업 기억이 없고 읽자마자 바로 잊어버린다면 내용이 이어지지 않아 책을 이해하지 못할 것입니다. 다른 사람과 이야기할 때도 마찬가지입니다. 이렇게 작업 기억은 정보 처리의 중추로서 업무는 물론 우리의 일상생활에서도 꼭 필요한 능력입니다.

## 주의력의 한계가 작업 기억의 한계다

이 작업 기억에 영향을 주는 것이 주의력입니다. 아래 숫자를 기억해 보세요.

5·3·9·1·7·2·6·4·9….

어떤가요? 처음에는 쉽게 기억했지만 숫자가 늘어날수록 머릿속이 꽉 차고 힘들지 않았나요? 지금 숫자 하나하나에 다 주의력을 사용해서 일시적으로 작업 기억에 정보를 저장한 것입니다. 즉, 주의력의 한계가 곧 작업 기억의 한계라고 할 수 있습니다. 만약 다른 일에 주의력을 쏟게 되면 바로 잊어버리게 됩니다. 주의력에 여유가 없으면 아무리 기억하려고 해도 기억하지 못합니다.

## SNS, 원격 근무가 주의력을 빼앗는다

이처럼 우리는 작업 기억을 통해 평소에 당연하게 해왔던 행동에 주의력을 사용하고 있습니다. 이 때문에 뇌가 사용할 수 있는 주의력은 항상 부족한 상태입니다. 주의하지 않아서 실수가 생기는 것이 아니기 때문에, 조심해야겠다고 다짐하며 실수를 없애려고 하지 말고 주의력을 지나치게 많이 써버려서 실수가 발생한다는 현실을 우선 직시해야 합니다.

메일 보내는 것을 깜빡하는 실수를 예로 들어보겠습니다. '메일을 보내야 해.'라고 생각하며 주의력을 사용하고 있는 동안은 작업 기억을 사용하고 있기 때문에 메일을 보내야 한다는 사실을 기억하고 있습니다. 하지만 갑자기 다른 급한 일이 생기거나 누군가가 말을 걸면 다른 일에 주의력을 빼앗겨 원래 기억하고 있던 일은 작업 기억에서 사라져 깜빡하는 실수가 발생하는 것입니다.

특히 현대인들은 메일이나 SNS 등으로 시도 때도 없이 연락이 오고 다양한 일을 동시에 병행해야 하는 업무 환경 속에서 일하고 있습니다. 이렇게 다양한 일에 주의력을 사용하다 보면 작업 기억 용량에 여유가 사라지게 됩니다.

또, 원격 근무로 인해 집에서 일하다 보면 다른 일에 정신을 빼앗겨 더 여유가 없어지기도 합니다. '요즘에 청소를 안 했네.'라든지 '지금 TV에서 뭐 하고 있지?'와 같이 업무와 상관없는 일에 주의력을 빼앗기기 십상이라 업무에 써야 할 주의력은 더 줄어듭니다.


## 대부분의 실수는 뇌의 주의력이 원인이다

그 외에도 다양한 실수를 잘 살펴보면 100%라고 해도 될 정도로 주의력과 관련이 있습니다. "아, 그런 뜻이었어요?"라며 나중에서야 자신이 착각했다는 사실을 깨닫는 실수도 종종 합니다. 이야기를 들으면서

'그거 말하는 건가? 아닌가?'라고 혼자 추측하고 상상하는 일에 주의력을 더 많이 쓰게 되면서 정작 중요한 상대방의 이야기는 주의 깊게 듣지 못했기 때문에 일어나는 실수입니다.

그리고 나중에 보면 의아하게 느껴지는 잘못된 판단도 과거의 고정 관념에 주의력을 빼앗기거나 불필요한 곳에 주의력을 사용하다 보니 다른 가능성이나 새로운 선택을 했을 때 발생할 수 있는 문제점에는 신경 쓰지 못했기 때문에 발생하는 실수입니다.

이처럼 실수의 원인을 분석해 보면 대부분이 주의력과 관련이 깊다는 사실을 알 수 있습니다. 실수를 없애려면 한계가 있는 주의력을 낭비하지 말고 충분한 여유 용량을 확보해야 합니다. 그리고 착각이나 고정 관념에 사로잡히지 말고 중요한 부분에 주의력을 써야 합니다.


### 우선 주의력을 낭비하지 말아야 한다!

실수를 없애기 위해 구체적으로 어떤 대책을 세워야 할까요? 우선, 지금까지 실수했던 경험을 바탕으로 어디에 주의력을 써야 실수가 사라지는지 가능한 한 구체적으로 정리합니다. 이런 부분을 명확히 하면 용량에 한계가 있는 주의력을 적절하게 활용할 수 있습니다.

필요한 순간에 잊지 않고 주의력을 집중시킬 수 있는 시스템을 만드는 것도 효과적입니다. 스케줄 앱 등에 있는 알람 기능을 활용하는 것도 방법입니다. 컴퓨터나 급속도로 진화하고 있는 인공지능AI 기술을 활용하고 사람은 개입하지 않도록 해야 합니다. 주의력을 발휘하지 않더라도 문제가 발생하지 않도록 시스템을 구축해두면 뇌의 과부하를 막을 수 있습니다. 다만, 이러한 구체적인 대책을 실행하기 위해 지금 당장 할 수 있는 세 가지 방법을 소개하겠습니다.

### 1. 뇌가 주의력을 사용해야 하는 일은 하지 않는다

메모를 사용하지 않고 머릿속으로 기억하려고 하거나 이런저런 생각을 하고 있을 때는 주의력을 사용해서 말을 기억하고 처리합니다. 이렇게 하면 주의력이 부족해집니다. 가능한 한 주의력을 쓰지 않고 해야 합니다.

예를 들면, 신경 써야 하는 일을 머릿속으로 생각

하고 기억하려고 하지 말고 컴퓨터나 휴대전화 메모장에 입력하거나 할 일 리스트에 적어두는 것입니다. 그렇게 하면 계속 주의력을 쓰지 않아도 되기 때문에 머리가 가벼워진 느낌이 듭니다. 이렇게 자신도 모르는 사이에 주의력을 사용하고 있는 일을 적어 놓으면 그 일에는 주의력을 쓰지 않아도 되기 때문에 여유가 생기고 꼭 필요한 곳에 주의력을 쓸 수 있게 되면서 실수도 사라집니다. 그 외에도 이런 것들도 불필요한 일에 주의력을 쓰지 않고 아껴서 실수를 줄이는 방법입니다.

- 신경 쓰이는 일이 있다면 다른 사람에게 털어놓는다.
- 아직 마치지 못한 일이 있을 때 계속 붙잡고 있지 말고 빨리 끝내버리거나 언제 할지를 정한 후 일단 잊어버린다.
- 하는 편이 좋다고 판단되는 일을 바로 행동으로 옮긴다.

## 2. 뇌의 주의력을 빼앗는 물건은 멀리 둔다

일이 너무 힘들면 회피하고 싶은 마음에 주의력이 부족해질 만한 환경을 스스로 만들기도 합니다. 주의력을 낭비하지 않기 위해서는 지금 필요한 것 이외에는 눈에 보이는 장소에 두지 말아야 합니다. 지금 바로 실천할 수 있고 효과가 엄청나게 큰 방법은 휴대전화를 멀리 두는 것입니다.

홋카이도 대학교에서 실시한 실험에 따르면, 책상 위에 스마트폰을 놓아둔 그룹과 그렇지 않은 그룹에 각각 과제를 냈더니 스마트폰이 책상에 있는 그룹은 과제 해결 속도가 느리다는 결과가 나왔습니다.[3]

이것은 하나의 상징적인 사례이지만 스마트폰이 근처에 있는 것만으로도 '메시지가 왔나?', '아, 게임하고 싶다.' 등의 생각을 하느라 소중한 주의력을 사용합니다. 스마트폰을 서랍이나 가방에 넣는 것만으로도 뇌의 집중력은 높아지고 실수가 줄어들어 업무 생산성도 높아집니다.

### 3. 뇌가 주의력을 사용하지 않아도 잘 할 수 있는 수준까지 체득한다

자동차 운전을 배우는 상황을 떠올려 보세요. 운전을 처음 시작했을 때는 핸들 조작, 미러 확인 등 운전하는 데만 온 신경이 쏠려 있습니다. 여유가 없다 보니 조수석에 앉은 사람이 말을 걸기만 해도 짜증이 납니다.

운전이 익숙하지 않으면 '다음에는 뭘 해야 하

지?', '다음에 좌회전할 때 깜빡이를 켜야 하지?'와 같이 하나하나 다 의식하고 생각하는 데에 주의력을 모두 빼앗기게 됩니다. 이렇게 주의력을 과도하게 사용해 여유가 없는 상태에서 누군가 옆에서 말을 걸면 다시 그쪽으로 주의력이 옮겨가기 때문에 "말 걸지 마!"라고 짜증을 부리게 되는 것입니다.

하지만 운전에 익숙해지면 아무렇지 않게 조수석에 앉은 사람과 담소를 나누거나 음악을 즐길 수 있게 됩니다. 운전하는 방법을 몸이 기억하기 때문에 크게 신경 쓰지 않더라도 자연스럽게 핸들을 움직이고 사이드미러를 확인할 수 있습니다. 여유가 생긴 만큼 지금까지는 하지 못했던 일에 주의력을 쓸 수 있습니다. 이렇게 주의력을 낭비하지 않고 꼭 필요한 곳에 사용하면 실수가 줄어듭니다.

1   OECD "Society at a Glance 2019" 2019.3.27. 〔https://www.oecd.org/japan/sag2019-japan-jp.pdf〕

2   Daniel Simons "selective attention test" 2010.3.10. 〔https://youtu.be.com/JG698U2Mvo〕

3   이토 모토히로(伊藤資浩), 가와하라 준이치로(河原純一郎) "Effect of the Presence of a Mobile Phone during a Spatial Visual Search. (가까이에 놓여있는 휴대전화가 공간적 시각 탐색에 미치는 영향)", 2016년 12월 26일 〔https://onlinelibrary.wiley.com/doi/full/103.1111/jpr.12143〕

PART

1

# 회사에서
# 실수할 때가
# 많아요

# 왜 항상 일이 쌓일까?

아이노 겐지

#마감을 못 지켰다

#납기를 넘겼다

#미루는 습관

#마감이 없는 일을 미루다 보니 일이 잔뜩
 쌓였다

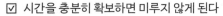

☑ 시간을 충분히 확보하면 미루지 않게 된다

☑ 마감이 없는 일이라도 자신만의 마감일을
 정한다

☑ 시간이 걸리는 일은 중간 목표를 정한다

"오늘은 피곤하네. 내일 하지 뭐."

"급한 일이 생겼으니까 이건 나중에 하자."

이런 식으로 할 일을 뒤로 미루지는 않나요? 그러다 보면 손도 대지 못한 채 한 달이 훌쩍 지나버리기도 합니다. 이렇게 할 일을 자꾸 미루는 사람이 실수도 많이 한다는 연구 결과도 있습니다.[1] 실수를 줄이려면 우선 미루는 습관을 고쳐야 합니다.

일본 나고야 대학교에서 실시한 연구에 따르면 할 일을 미루지 않고 그때그때 하는 사람은 시간을 충분히 확보하고 일하지만, 자꾸 일을 미루는 사람은 빠듯하게 계획을 세우는 경향이 있다고 합니다.[2] 할 일을 뒤로 미루지 않기 위해서 가능한 한 시간을 충분히 확보하는 것이 중요합니다.

## 마감이 없는 일이라도 자신만의 마감일을 정한다

마감이 없으면 아무래도 뒤로 미루게 됩니다. 정해진 마감이 없을 때는 자체적으로 마감을 정하는 것도 방법입니다. 마감에는 강력한 힘이 있습니다. 미국

국립과학재단은 매년 1년에 두 번, 기간을 정해서 지구 과학 분야의 지원금 신청을 받았는데 2015년에 마감 기한을 없애고 상시 신청이 가능하게 했더니 신청 건수가 59% 줄었다고 합니다.[3]

## 공부할 때는 구체적인 목표를 세운다

이는 마감뿐만 아니라 '목표'에도 적용할 수 있습니다. 영어를 잘하고 싶다면 언제까지 영어 검정 시험에 반드시 합격하겠다거나 토익 시험에서 몇 점을 받겠다는 구체적인 목표를 정해두고 공부해야 합니다. 그저 막연히 영어를 잘하고 싶다는 생각만으로는 웬만해선 실력이 늘지 않습니다. 마감 기한이나 구체적인 목표가 실천의 원동력이 되기도 합니다.

영어를 원어민 수준으로 구사하는 저는 영어에 관한 상담을 자주 받습니다. 그때마다 그저 막연히 영어를 잘하고 싶다는 생각만 하는 사람이 많다는 사실에 놀라곤 합니다. 그럴 때 저는 영어 실력을 키우려면 TV 드라마 시리즈의 DVD를 보라고 추천합니다. 영어와 모국어 자막이 나오는 영상이라면 더 좋습니다. 현실감을 중시하는 영화는 자연스러운 일상 대화를 그대로 영상에 담기 때문에 무슨 말을 하는지 알아듣기 쉽지 않지만, TV 드라마는 시청자가 이해하기 쉽도록 정확한 발음으로 또박또박 말해줍니다. 그 중에서도 코미디 장르가 영어 공부에는 더 도움이 됩니다.

목표는 "자막 없이도 무슨 말을 하는지 이해할 수 있을 때까지 한 달 동안 이 DVD를 반복해서 본다."와 같이 구체적인 내용이어야 합니다. 그리고 해야 할 일을 언제든 떠올릴 수 있는 환경을 만드는 것도 중요합니다. 동영상을 항상 틀어놓기는 힘드니까 눈에 잘 띄는 곳에 DVD를 놓아두면 좋은 자극이 될 것입니다.

## 시간이 오래 걸리는 일은 중간 목표를 정한다

시간이 오래 걸리는 일은 세분화해서 중간 목표를 세우면 효과적으로 일할 수 있습니다. 해야 할 일이 얼마나 남았는지 쉽게 파악할 수 있도록 해두면 업무 속도도 빨라지고 실수도 줄어듭니다.

이스라엘 텔아비브 대학교의 사회심리학자 니라

리버먼<sup>Nira Liberman</sup>이 실시한 실험에서 앞으로 해야 할 일이 얼마나 남았는지 알려준 참가자와 알려주지 않은 참가자의 성과를 비교한 결과, 남은 업무량을 알려준 그룹이 속도나 정확도 면에서 더 뛰어났고 피로도도 낮았다고 합니다.[4]

# 일을 시작하기 전에
# 업무를 먼저 분류한다

\#프로세스나 스케줄이 계획대로 진행되지
　않는다
\#중요한 일을 할 때 시간이 부족하다
\#신경 써야 할 사소한 일들이 너무 많다
\#일이 자꾸 쌓인다!

☑ 업무를 '원하는 결과물(중요성)', '작업
　시간', '단순 업무인지 시간이 걸리는
　일인지'를 기준으로 구분해서 생각한다

☑ 마감이 정해진 일은 마감 전날이 아니라
　이틀 전에 마무리한다

☑ 단순 업무는 머리를 쓰는 일이나 중요한 업무
　사이에 한다

예상했던 시간 안에 업무를 끝내지 못하는 상황도 자주 발생합니다. 생각지도 못하게 끼어든 급한 업무, 시간을 들여 생각해야 하는 기획 업무, 듣는 사람을 고려해야 하는 프레젠테이션 자료 작성, 과도한 일상 업무 등 다양한 일을 동시에 관리하면서 스케줄대로 일을 척척 해내는 것은 그 누구에게도 쉬운 일이 아닙니다. 업무 계획을 세울 때 저는 아래와 같은 점을 고려합니다. 순서대로 설명하겠습니다.

## 어느 정도 수준의 결과물을 만들어 내야 하는가

일정을 짜는 방법은 여러 가지가 있겠지만 저는 어느 정도 수준의 결과물을 만들어 내야 하는 업무인지를 항상 생각합니다. 중요한 고객에게 프레젠테이션할 때 필요한 자료는 고객이 보고 쉽게 이해하고 바로 수긍할 수 있을 만큼 완성도를 높여야 하지만, 나중에 아무도 다시 읽지 않는 회의록을 작성할 때는 중요한 부분만 정리하면 충분합니다. 이렇게 각각의 업무 특성에 따라 작업의 완성도는 달라져야 합니다. 완성도가 높아야 하는 업무는 시간도 많이 필요하겠지요.

일정을 짤 때는 그 점도 고려해야 합니다.


## 작업하는 데 시간이 얼마나 필요한가

다음은 어느 정도 시간이 걸리는지 생각해야 합니다. 정해진 시간 안에 일을 끝내지 못하는 사람은 대부분 소요 시간을 정확하게 예상하지 못할 때가 많습니다. 반복되는 일(제 경우에는 대학 강의 준비)이라면 어느 정도 시간이 걸릴지 지금까지의 경험으로 충분히 예측할 수 있습니다. 그래도 예상치 못한 일이 일어날지도 모르니 전날이 아니라 이틀 전에 준비를 마무리하는 등 여유 있게 일정을 짜야 합니다.


## 단순 업무인가,
## 머리를 써야 해서 시간이 걸리는 일인가

단순 업무라면 머리를 쓰는 일이나 중요한 업무 사이에 조금씩 해둘 수 있습니다. 중요한 판단을 해야 하는 일은 서두른다고 잘되지 않습니다. 마감에 맞춰

빠듯하게 작업하기보다는 시간을 충분히 확보하고 여유 있게 해나가야 합니다. 까다로운 일은 바로 움직일 때보다 필요한 조건이나 상황을 일단 머릿속에 입력한 후 잠깐 시간을 두고 다시 생각했을 때 더 좋은 아이디어가 떠오르기도 합니다.

저는 이것을 "잠시 묵혀둔다."라고 표현합니다. 바로 업무에 착수하지는 않지만 그렇다고 시간에 쫓기지는 않도록 스케줄을 정합니다. 그리고 어느 정도 구상을 마치면 구체적인 작업을 시작합니다. 기획이나 글을 쓰는 업무라면 워드 문서를 켜고, 프로그래밍 업무라면 새로운 프로그래밍 파일의 이름(기존에 만든 것을 수정하는 일부터 시작하기 때문에 완전히 무에서 유를 창조하는 작업은 아닙니다)을 정하고 머릿속에 있는 생각들을 조금씩 꺼내놓으면서 생각했던 목표를 향해 달려가면 됩니다.

## 갑작스러운 업무는 어떻게 처리해야 할까?

당일 처리해야 하는 급한 업무가 갑작스레 끼어들면 당연히 일정이 꼬이게 됩니다. 하지만 이것은 당연한 일이니 괴로워할 필요가 없습니다. 급한 일이라면 바로 하면 됩니다. 마음을 다잡고 해야겠지요. 다만, 매일 그런 상태라면 업무 처리 방식을 바꾸거나 상사와 상의해서 상황을 개선하는 등 다른 해결책을 찾아야 합니다.

## 여유 있게 일정을 짜면 나만의 시간이 생긴다

저는 주말도 평일과 크게 다르지 않습니다. 주말에도 일할 때가 많습니다. 주말에도 쉬지 않고 일하면 힘들지 않으냐는 질문을 받곤 하는데 그때마다 오랜 시간 일하지만, 밤에는 매일 쉬니까 그렇게 힘들지 않다고 답합니다. 일정을 여유롭게 잡기 때문에 평일에도 밤에는 나만의 시간을 보낼 수 있습니다. 그래서 일이 많더라도 힘들게 느껴지지 않습니다.

# 스케줄을 알맞게
# 조정하는 수첩 작성 방법

\# 일하느라 항상 시간이 부족하다

\# 일이 자꾸 쌓인다!

\# 야근이나 주말 근무가 많다

☑ 매일 일정표를 보면서 예상 시간과 실제로
   걸린 시간의 차이를 확인한다

☑ 식사 시간도 없을 정도로 빡빡하게 스케줄을
   짜지 않는다

다양한 업무를 하면서 필요한 시간을 정확하게 예상하기란 쉽지 않습니다. 오전 중에 끝나겠다고 생각했는데 온종일 걸렸던 경험도 있지 않나요? 메타인지가 가능한 사람(쉽게 말하면 자신에 대해 잘 아는 사람)은 비교적 정확하게 시간 예측을 할 수 있지만 모든 사람이 그렇지는 않습니다.

## 수첩을 다시 보며 지난 일정을 확인하면
## 스케줄링을 잘할 수 있게 된다

추천하고 싶은 방법은 일을 마친 후에 일정표를 보며 실제로 일하는 데 걸린 시간을 다시 한번 확인하는 것입니다. 수첩에 오늘 해야 할 일을 시간대별로 적어두는 사람도 있지 않나요? 실제로 하루 업무가 끝나면 그 수첩을 다시 한번 살펴봅니다. 그렇게 하면 60분 걸릴 것이라고 예상했던 일이 실제로는 80분이 걸렸다는 사실을 확인할 수 있습니다. 우선 어느 정도 시간 차이가 있었는지를 파악해야 합니다.

그리고 다음에 계획을 세울 때는 예전에 이 일을 할 때 예상보다 30% 정도가 더 걸렸으니까 이번에는

30% 시간을 더 늘려서 일정을 잡으면 됩니다. 요령이 좋은 사람은 그때 50% 정도의 시간을 더 확보합니다. 그렇게 하면 더 여유롭게 일할 수 있습니다.

한 가지 일이 끝나면 바로 다음 일을 해야만 할 정도로 항상 스케줄이 꽉 차 있다면 앞의 일정이 늦어졌을 때 일정이 꼬이게 되고 결국 일정을 다 마치지 못하게 됩니다. 처음부터 식사도 제대로 못 할 정도로 스케줄을 빡빡하게 짜면 계획대로 일이 되지 않아서 시간이 더 필요할 때 시간을 만들 수가 없습니다. 식사 시간, 술자리, 일을 마치고 잠깐 멍하게 보내는 재충전 시간 등을 충분히 확보할 수 있도록 스케줄을 짜면 여유가 생기고 예상대로 일이 진행되지 않아 시간이 더 필요해졌을 때도 시간을 낼 수 있습니다.

수첩을 사용하지 않는 사람도 일정을 어딘가에 적어두면 좋습니다. 일정과 시간을 적어두면 나중에 예상 시간과 실제로 걸린 시간을 쉽게 파악할 수 있기 때문입니다. 이를 반복하다 보면 굳이 적지 않더라도 머릿속에서 시간 비교가 가능해집니다.

# 수첩 작성 방법

|  | 스케줄 | 실제로 걸린 시간 |
|---|---|---|
| 10:00 | 회의 | 회의 |
|  | ↓ | ↓   30분 초과 |
| 12:00 | 점심 | ↓ |
|  | ↓ | 점심 |
| 13:00 | 자료 작성 | ↓ |
|  | ↓ | 자료 작성 |
| 14:00 | 메일 처리 | ↓ |
|  | ↓ | 메일 처리 |
| 15:00 | ↓ | ↓   30분 초과 |
| 16:00 |  |  |

예상 시간과 실제 걸린 시간을 비교해 보자

# 우선순위를
# 어떻게 세워야 할까

\# 중요한 일보다도 급한 일을 우선시하게
　된다

\# 우선순위를 정하기 힘들다

\# 할 일이 끝나지 않는다

\# 일을 쌓아둔다

\# 당황해서 불필요한 일을 한다

---

☑ 인간은 눈앞에 닥친 일을 먼저 해결하고
　싶어 한다

☑ 할 일을 모두 적고 긴급성과 중요성 둘 다
　고려해서 미리 우선순위를 정해둔다

☑ 우선순위를 매기기 전에 누가 그 일을
　하는지 생각한다

## 중요한 일일수록 뒤로 미루는 이유는?

'저거 빨리 해야 하는데…….'
'이렇게 하다가는 나중에 분명 문제가 생길 것 같은
데…….'

이렇게 생각하면서도 손도 못 대고 자꾸 미루게
되는 중요한 일이 있지 않나요? 아마 많은 사람이 뜨
끔할 것입니다. 긴급성과 중요성은 업무의 우선순위
를 정할 때 항상 생각해야 하는 두 가지 중요한 기준
입니다. 시간 관리나 생산성 향상에 대해 배운 적이
있는 사람이라면 익숙한 키워드일 것입니다.

하지만 중요성도 고려해야 한다는 사실을 머리로
는 알고 있지만 사람들은 무의식중에 눈앞에 있는 급
한 일을 우선시하고 중요성을 따지는 일은 뒤로 미루
는 경우가 많습니다. 왜냐하면 급한 일에 신경을 빼앗
겨 중요도가 높은 일을 신경 쓸 여유가 없어지기 때문
입니다.

이처럼 자꾸 꾸물거리고 뒤로 미루는 행동을 심리
학에서는 '지연 행동procrastination'이라고 부릅니다. 그런
데 반대로 '미리 하기precrastination'라는 말도 있습니다.

심리학자 데이비드 A. 로젠바움David A. Rosenbaum이 연구를 통해 밝혀낸 개념입니다.[5]

이 연구는 출발 지점과 도착 지점 근처에 각각 양동이를 놓고 두 개의 양동이 중 하나를 골라 도착 지점까지 옮기라는 단순한 과제를 주고 피실험자가 어느 양동이를 골랐는지를 확인하는 실험을 하고 결과를 분석했습니다.

어느 양동이를 골라도 거리는 동일하기 때문에 모두가 도착 지점 근처에 있는 양동이를 골랐으리라 생각했겠지만 피실험자 대부분은 출발 지점 근처의 양동이를 골랐습니다. 그 이유로 빨리 과제를 끝내고 싶었기 때문이라고 답한 사람이 많았습니다. '양동이를 들고 도착 지점까지 옮기기'가 최종 과제였지만 피실험자들은 우선 '양동이를 든다'라는 부분적인 과제를 먼저 마치는 쪽을 선택했습니다.

그 이유는 피실험자가 눈앞에 있는 하나의 과제를 우선 끝냄으로써 '작업 기억'의 부하를 줄이고자 했기 때문입니다. 해야 할 일을 계속 머릿속에 담아두는 일은 에너지를 많이 빼앗기는 일이고 부담으로 작용합니다. 논문에서는 이를 막기 위해 출발 지점에 가까이 있는 양동이를 집어 든 것이라고 결론짓고 있습니다.

긴급성을 우선시해서 중요한 일을 미루는 것, 눈앞에 있는 일을 우선 정리하려는 마음에 불필요한 일을 하는 것. 둘 다 잘못된 선택입니다. 이러한 실수를 하지 않기 위해서 긴급성뿐만 아니라 중요성, 큰 그림을 모두 봐야 합니다. 구체적으로는 계속 신경이 쓰이고 머릿속을 떠나지 않는 일들을 모두 다 꺼내서 적어 보는 것입니다.

그리고 긴급성과 중요성 둘 다 고려해서 미리 우선순위를 정해야 합니다. 뒤로 미루거나 너무 급하게 서두르다가 발생할 수 있는 문제를 예방하고, 효율적이고 효과적으로 일할 수 있습니다. 이렇게 하면 긴급성은 높지만 불필요한 일에 매달리지 않게 되고 중요성도 고려해서 정말 우선순위가 높은 일을 먼저 할 수 있게 됩니다.

# 우선순위를 정하기 전에
# 해야 할 일

우선순위를 정할 때는 자신이 꼭 해야 하는 일인
지, 내가 아닌 다른 사람도 할 수 있는 일인지 판단하
는 것이 중요합니다(우선순위는 이것을 기준으로 결정하
면 됩니다). 만약 그 일이 나만 할 수 있는 일이라면 그
일을 제일 먼저 해버리는 편이 더 낫습니다.

다른 사람도 할 수 있는 일이라면 누군가에게 말
기거나 도움을 받는 것도 방법입니다. 의외로 회사에
서 내가 없으면 안 되는 일은 생각보다 적습니다. 업
무는 다음과 같은 기준에 따라 해나가면 됩니다.

- 나만이 할 수 있는 일인지, 다른 사람도 할 수 있는 일인

지 판단한다.

- 내가 아니어도 할 수 있는 일이라면 부탁할 사람을 정해서 맡긴다.

- 다른 사람이 그 일을 할 때 나는 나만 할 수 있는 일에 집중한다.

다른 사람도 할 수 있는 일인지 아닌지 판단하기 어려울 때도 있습니다. 예를 들면, 다른 사람도 할 수는 있지만 시간이 훨씬 더 걸리는 일도 있습니다. 함께 일하는 사람들이 어떤 일을 잘하고 어떤 일을 잘하지 못하는지 파악하고 적절한 사람에게 업무를 맡겨야 합니다. 특히, 자신의 부하 직원이라면 그 사람이 잘하지 못하는 일을 시키면 효율이 떨어질 뿐만 아니라 업무 스트레스도 과도하게 쌓일 수 있으니 주의해야 합니다.

# 메일은 단 한 번만 읽는다

\# 일이 자꾸 쌓인다

\# 일이 끝나지 않는다

\# 시간 활용 방식을 바꿔보고 싶다

☑ 메일은 한 번만 읽는다는 원칙을 정하고
　 바로바로 처리한다

☑ 메일은 열 줄만 쓴다는 생각으로 내용을
　 구상한다

☑ 상대에 따라서는 메일을 확인했다는 답장은
　 하지 않아도 된다

계획대로 일이 잘 진행되지 않는 사람을 위해 효율적으로 일을 마칠 수 있는 비법을 소개하겠습니다. 우선 메일을 처리하는 방법입니다. 메일을 처리하는 데 많은 시간을 쓰고 싶지 않다면 '메일은 단 한 번만 읽는다.'라는 원칙을 스스로 정하고 메일을 처음 열었을 때 바로 처리합니다. 불필요한 메일이라면 바로 삭제하고 나중에 필요할지도 모르는 메일이라면 미루지말고 그 자리에서 정리하면 좋습니다.

물론, 바로 처리할 수 없는 메일도 있습니다. 그런 메일은 '읽지 않은 상태로 표시'해서 받은편지함에 남겨둡니다. 잠깐 머릿속에서 어떻게 대응하면 좋을지 생각하다 보면 좋은 아이디어가 떠오르기도 합니다. 저는 하루를 마칠 때 받은편지함에 아직 읽지 않은 상태로 남아있는 메일이 20통 이하가 되도록 관리합니다.

## 메일은 열 줄이면 충분하다

하루 종일 메일에 답장만 하다가 하루가 끝나는 또 다른 이유는 일본인들은 너무 정성스럽게 메일을 보내기 때문입니다. 메일을 보낼 때 유념해야 하는 점은 언뜻 봤을 때 한눈에 들어오는 길이가 열 줄 정도라는 점입니다. 그 안에 하고 싶은 말이 들어가 있지 않으면 중요한 메시지가 전달되지 않을 수도 있습니다.

절대 해서는 안 되는 것은 장문의 메일을 쓰고 마지막에 중요한 말을 적는 것입니다. 그렇게 하면 원하는 말이 전달되지 않을 가능성이 매우 큽니다. 특히 요즘 사람들은 하루에도 엄청나게 많은 양의 메일을 받기 때문에 메일을 열었을 때 딱 눈에 들어오는 부분에 어떤 내용이 있느냐에 따라서 중요한 메일인지 아닌지를 판단합니다.

어떻게 하면 효과적으로 전달할 수 있을지 방법을 고민해야 합니다. 중요한 부탁이라면 제목에 그 내용을 적거나 굵은 글씨로 적고 괄호를 한다거나 하고 싶은 말을 가장 먼저 적는 등 눈에 확 들어오도록 메일을 작성해야 합니다. 옛날 일본인들은 편지를 쓸 때 계절과 관련된 인사로 시작해서 마지막에 요건을 적어서 정리하는 식으로 편지를 썼는데 순서를 반대로 바꾸어야 합니다. 이런 순서로 메일을 쓰면 상대방도 알아보기 쉽고 잘못된 소통이 발생하는 일도 없어짐니다.

- 요청 사항은 이것입니다.
- 이러한 요청을 하는 이유는 이것 때문입니다.
- 상세한 배경 설명이 필요하다면 뒤에 추가로 적습니다.
- 날씨 관련 인사(태풍 안부 인사 등 업무 관련된 내용 이외에 말이 필요하다면 이곳에).


## 확인했다는 답신 메일은 불필요하다

군이 답장하지 않아도 되는 메일에 답장하는 사람들도 많습니다. 메일을 받는 사람이 정중함을 중요시하는 사람이라면 답장을 해야겠지만 속도를 중시하는 사람이라면 "확인했습니다.", "메일 잘 읽었습니다."와 같은 답신은 불필요하다고 생각할 수 있으니 상대가 어떤 사람인지를 파악한 후 확인 메일은 생략해도 됩니다.

또 참조$^{CC}$에 누구를 넣을지도 생각해야 합니다. 조직 내에서는 각자 역할이 정해져 있고 담당자에게는 가장 먼저 필요한 자료가 전달될 것입니다. 해당 파일을 다른 사람들과 주고받을 때 참조에 담당자는 넣을 필요가 없습니다. 이미 자료를 전달받은 사람에게 간단한 코멘트를 넣어 다시 한번 메일을 전달하는 일은 보내는 사람도 번거롭고 거의 같은 내용의 메일을 다시 열어봐야 하는 담당자도 힘이 듭니다. 두 개의 불필요한 작업이 추가되는 것입니다.

채팅창에서 메시지가 왔을 때 바로 답장하지 못하는 상황을 불안해하는 사람도 있습니다. 하지만 그럴 필요가 없습니다. 일단 바쁜 일에 집중하고 여유가 생겼을 때 답장하면 됩니다. 상대가 처음에는 차갑다고 느낄지도 모르지만 그렇게 하다 보면 이 사람은 원래 이런 식으로 일하는 사람이라고 이해해 줄 것입니다.

## 잘 전달되는 메일 쓰는 법

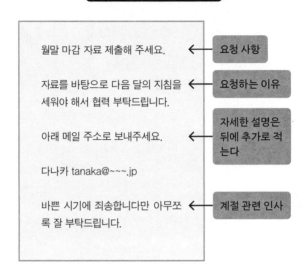

월말 마감 자료 제출해 주세요. ← 요청 사항

자료를 바탕으로 다음 달의 지침을 ← 요청하는 이유
세워야 해서 협력 부탁드립니다.

아래 메일 주소로 보내주세요. ← 자세한 설명은 뒤에 추가로 적는다

다나카 tanaka@~~~.jp

바쁜 시기에 죄송합니다만 아무쪼 ← 계절 관련 인사
록 잘 부탁드립니다.

# 자료는 양보다 질이 우선이다

\#상대에게 좋은 인상을 주는 자료는?
\#내가 제출한 자료에 상사의 지적이 많다

☑ 자료 중 두세 장 정도를 상대의 인상에 남도록 특히 신경 써서 작성한다

☑ 상사의 프레젠테이션 자료를 만들 때는 상사가 말하고자 하는 핵심 내용에 힘을 준다

자료를 작성하다 보면 예상보다 1.5배 정도의 시간이 더 들 때도 있습니다. 저도 강연을 준비하면서 파워포인트 슬라이드를 만들기도 합니다. 아무래도 제가 자료 작성하는 일을 좋아하다 보니 최선을 다해 열심히 만들다 보면 예상보다 1.5배 아니 2, 3배의 시간이 훌쩍 지나있을 때도 있습니다. 하지만 자료나 슬라이드 작성에 그렇게까지 많은 시간을 써야만 할까요? 일이니까 효율을 따져봐야 합니다.

　저는 실패학회에서 강연을 주최하기도 하는데 엄청난 분량의 슬라이드를 준비하는 강연자도 있습니다. 하지만 강연을 들으며 자료를 보고 나면 그 후에 배포 자료를 다시 보는 경우는 거의 없습니다. 다시 보는 사람이 한 명도 없다고 봐도 무관할 것입니다. 만약 있다면 자기 강연에 그 자료를 활용하려는 사람들 정도 아닐까요?

　실제로 그렇게 많은 분량의 자료를 준비해도 인상에는 하나도 남지 않습니다. 인상에 남을 만한 슬라이드를 두세 장 정도 보여주는 편이 훨씬 더 효과가 있습니다. 회사에서도 마찬가지입니다. 회사의 기획서라면 다음과 같은 방식으로 준비하면 좋습니다.

- 회사 차원에서 꼭 필요한 정보를 담은 슬라이드를 준비한다.
- 그다음에는 상대가 판단하는 데 도움이 되는 슬라이드, 상대의 인상에 남을 만한 슬라이드를 두세 장 준비한다.


## 좋은 자료는 두껍고 자세한 자료가 아니라 하고 싶은 말이 잘 전달되는 자료다

자료에 아무리 자세한 정보를 많이 담는다고 해도 사람들은 잘 보지 않습니다. 메일조차도 한눈에 들어오는 부분만 읽는데 자료는 더 읽으려고 하지 않겠지요.

- 이 아이디어가 더 좋으니 이것을 선택했으면 좋겠다.
- A안보다 B안이 좋으니 B안으로 추진해야 한다.

결국 전하고 싶은 메시지는 이 정도 아닐까요? 그렇다면 어떤 방식으로 전달하는 것이 효과적일지 먼저 생각해보고, 그 내용이 잘 전달되도록 두세 장 정도 인상적인 슬라이드를 만드는 편이 좋습니다.

자료는 양보다 질입니다. 자신이 하고 싶은 말을 얼마나 효과적으로 상대에게 각인시키느냐가 중요합니다. 그 점을 염두에 두고 자료를 작성하면 단시간에 양질의 자료를 만들 수 있습니다.

다만, B안을 선택하도록 유도하기 위해 상대적으로 매력이 부족한 A안을 제시하는 작전도 있습니다. 경험이 쌓이면 이 자료를 보는 사람이 누구인지도 고려해서 자료 작성 방식을 바꾸는 등 자연스럽게 효과적인 방법을 찾아낼 수 있을 것입니다.


## 슬라이드를 보여주면서 설명했는데 아무도 기억하지 못한다

회사에서 일하다 보면 자료를 준비해서 순서나 규칙을 하나하나 설명해야 하는 경우도 있습니다. 그때는 그 순서를 다 기억하게 하려고 하지 말고 우선은 순서가 정해져 있다는 사실을 전달하는 것이 중요합니다.

순서를 아무리 열심히 자세하게 설명해도 듣는 사

람이 그 자리에서 모든 내용을 다 기억하기는 쉽지 않습니다. 하지만 순서가 있다는 사실을 인지하고 있으면 필요할 때 자료를 찾아볼 것입니다. 지금 당장은 기억하지 못하더라도 나중에 필요해졌을 때 찾아볼 수 있는지가 중요합니다.

## 상사의 발표 자료를 대신 만들어야 할 때

상사나 다른 사람을 위한 프레젠테이션 자료를 만들어야 하는 일도 종종 있습니다. 내용을 잘 알지도 못하고 내 일도 아니다 보니 좀처럼 의욕도 생기지 않고 자료 작성도 더딜 수밖에 없습니다.

이런 일을 가능한 한 즐겁게 마치기 위해서는 상사가 무엇을 기대하고 있는지 빠르게 파악해야 합니다. 그렇지만 사람마다 중요시하는 것은 다 다르기 때문에 일단 몇 번 만들어 보고 확인한 후, 어떤 부분에 더 신경 써야 하는지 파악이 되었다면 그 부분에만 더 힘을 쏟고 나머지 부분은 조금 힘을 빼도 됩니다.

# 확인 알람을 설정한다

#회의 시간을 잊어버린다
#미팅 일정을 깜빡한다

☑ 잊어버리지 않기 위한 장치가 필요하다

☑ 일정은 온라인으로 관리하고 일정을 입력할
때 리마인더도 함께 설정한다

☑ 리마인더는 실수해도 수습 가능한 시간으로
설정한다

다른 일에 집중하거나 정신이 팔려서 중요한 약속을 잊어버린 경험 있지 않나요? "회의 곧 시작하는데 안 오시나요?"라는 전화를 받고 순간 당황했던 경험도 있을 것입니다.

## 외출해야 하는 약속은 이른 시간에 리마인더를 설정한다

깜빡하지 않기 위한 '장치'를 만드는 것이 중요합니다. 그것을 보면 중요한 일정이 떠오르게 해두어야 합니다. 일할 때 편리한 기능은 웹 캘린더의 '리마인더'나 '알람'입니다. 구글 캘린더는 일정과 함께 '알람'을 설정해두면 지정한 시간에 팝업으로 일정을 미리 알려줍니다. 여기서 중요한 것은 잊고 있다가 그 알람을 보고 알아차리더라도 일정을 소화하는 데 문제가 없는 시간으로 설정해두어야 한다는 점입니다. 기본 설정은 10분으로 되어 있습니다. 그런데 약속 장소가 1시간 걸려서 이동해야 하는 곳이라면 10분 전에 알았다고 해도 약속에는 무조건 늦을 수밖에 없습니다.

실패학회에서 만든 앱도 비슷한 기능을 제공하고

있습니다. 저는 미용실, 치과 등의 일정을 입력할 때 리마인더도 함께 그 자리에서 설정합니다. 리마인더를 약속 일시 전으로 설정해두면 휴대전화로 알림이 옵니다. 가까운 장소의 약속은 30분 전, 출장 일정은 전날, 근거리 이동이 필요한 경우에는 1시간이나 2시간 전에 리마인더를 설정해둡니다. 이 리마인더 기능 덕분에 매일 아침, 또는 매시간 일정을 확인할 필요가 없어져 스트레스도 크게 줄었습니다.

또한, 일정을 중복해서 잡는 일이 없도록 일정과 관련된 이야기가 나오면 바로 캘린더 앱에 입력해야 합니다. 이를 습관화하면 일정이 겹치는 일은 없어집니다. 캘린더와 수첩을 동시에 사용하는 사람이라면 "일정을 입력할 때는 앱을 사용한다."와 같이 원칙을 정해두면 실수를 줄일 수 있습니다.

# 일정은 요일도 함께
# 말한다

#회의나 약속 일정을 깜빡한다
#말을 잘못 전달한다

☑ 일정을 전달할 때는 일시뿐만 아니라 요일도
　함께 전달한다

☑ 일요일부터 시작하는 달력과 월요일부터
　시작하는 달력을 동시에 사용하지 않는다

☑ 공휴일이 있는 주나 해외에서 일정을
　입력했을 때는 특히 조심한다

## 일정을 전달할 때는 반드시 '요일'도 함께 넣는다

미팅 일시, 자료 제출 마감 등 일정을 잘 지키는 일은 매우 중요합니다. 이러한 일정을 잘못 착각하면 큰 실수로 이어질 수 있습니다. 큰 실수는 누군가에게 전달하는 메일을 쓸 때나 일정을 다이어리에 옮겨적을 때 숫자 하나를 잘못 적는 등 의외로 사소한 실수로 인해 벌어지기도 합니다.

이러한 실수를 없애기 위해서는 일정을 입력할 때 조금 번거롭더라도 일시뿐만 아니라 항상 요일도 함께 기입하고 확인해야 합니다. 요일도 하나의 체크 항목이 되기 때문에 함께 확인하는 습관을 들이면 날짜를 잘못 알았을 때 그 실수를 발견할 가능성이 커집니다.

반대로 요일 때문에 실수가 생기기도 합니다. 사용하는 다이어리나 캘린더 앱마다 한 주를 시작하는 요일이 다르면 실수할 수 있습니다. 대부분은 일요일부터 시작하지만 월요일부터 시작하는 달력도 있습니다. 이 두 가지를 동시에 사용하면 실수할 위험성이 높아집니다.

사람들은 달력을 볼 때 요일이나 날짜를 하나하

나 다 확인하지 않고 어디쯤 적혀있었는지 시각적인 정보로 인식하기 때문에 요일을 착각하기도 합니다. 동시에 기억할 수 있는 숫자에는 한계가 있기 때문에 뇌는 되도록 에너지를 절약하려고 합니다. 정확히 문자를 보고 있는 듯하지만 실제로는 제대로 보고 있지 않을 때가 많습니다.

예를 들면, 언뜻 봤을 때 '제일 왼쪽에 있으니까 월요일이야.', '가운데를 기준으로 오른쪽에 있으니까 목요일이나 금요일이야.'와 같은 식으로 뇌는 시각적으로 인식합니다. 그런데 월요일부터 시작하는 달력과 일요일부터 시작하는 달력을 둘 다 쓰면 실수하겠다고 작정한 것과 마찬가지입니다. 왼쪽에서 두 번째 칸에 있는 일정이니까 화요일이라고 생각했는데 알고 보니 실제 미팅은 월요일이어서 참석하지 못하는 실수를 할 수도 있습니다. 그렇다고 매번 일정을 하나하나 꼼꼼히 확인하는 것은 에너지 낭비이기 때문에 달력 형태도 하나로 통일하는 편이 좋습니다.

일정을 생각할 때 우리는 일주일 동안의 리듬, 요일에 대한 감각을 무의식중에 사용합니다. 예를 들면 '저 회의는 한 주의 가운데에 있지.'라든가 '○○ 씨와의 약속은 주말 지나고 다음다음 날이야.'와 같은 식입니다. 그런데 그사이에 공휴일이 끼어 있으면 그러한 감각이 틀어지고 리듬이 바뀌기 때문에 일정을 착각하기 쉽습니다.

수요일에 있는 회의를 주의 중간 정도에 있는 회의라고 인지하고 있었는데 월요일이 공휴일이라서 쉬게 되면 그러한 감각이 이상해져서 회의가 있다는 사실을 잊어버리게 됩니다. 주말 끝나고 다음다음 날이 화요일이라고 항상 생각하고 있었는데 월요일에 쉬면 혼란에 빠지기도 합니다. 공휴일이 있는 주는 특히 일정을 잘 확인해야 합니다.

## 일정을 잘못 입력하지 않으려면?

컴퓨터나 스마트폰으로 일정을 관리하다 보면 월을 잘못 입력하기도 합니다. 제대로 입력했다고 생각했는데 잘 보면 다음 달 같은 날에 일정을 입력한 경우도 생깁니다. 그렇게 하지 않기 위해서는 달력을 이번 달이 아닌 다른 달로 넘겼다면 반드시 이번 달로 페이지를 다시 옮겨야 합니다. '이번 달'이라는 버튼이 있다면 그것을 누른 후에 일정을 입력하는 습관을 들이면 좋습니다.

## 해외에서 일정을 입력했을 때는 특히 주의!

스케줄 앱의 편리한 기능 때문에 발생하는 문제도 있습니다. 제가 수년 전, 상하이에 갔을 때 일본에 있는 고객에게 메일이 왔고 회의 일정을 잡았습니다. 그리고 잊어버리기 전에 그 자리에서 정해진 회의 일정을 앱에 입력했습니다. 그 후, 회의 당일에도 스케줄을 확인했는데 회의에 늦고 말았습니다. 이유가 무엇일까요?

이상하다 싶어 메일과 일정표를 확인해봤더니 메일에는 '○일 오전 10시'라고 되어 있었는데 스케줄 앱에는 '○일 오전 11시'라고 되어 있었습니다. 스케줄 앱이 시차에 맞춰서 '○일 오전 10시'를 '○일 오전 11시'로 자동으로 변환했던 것입니다.

요즘 스케줄 앱은 일본 시각, 뉴욕 시각 등 시간대도 고려해서 일정에 반영합니다. 이 때문에 외국과의 화상 회의 등 일일이 시차를 확인하지 않더라도 자동으로 수정해줍니다. 게다가 스마트폰은 현재 위치를 확인하고 표준시간대 자체를 자동으로 변경합니다.

　제가 자주 쓰는 스케줄 앱도 상하이에 가면서 자동으로 상하이 시각으로 바뀌었고 상하이에서 입력한 '○일 오전 10시'는 상하이 시각이라고 인지했습니다. 그리고 그 후 일본에 왔으니 일본 시각에 맞춰서 '○일 오전 11시'로 자동 변환한 것입니다. 시차 때문에 생기는 실수를 없애고 시차를 신경 쓰지 않도록 도와주는 편리한 기능으로 인해 발생한 실수입니다.

# 서류를 검토할 때는
# 방향을 바꿔서 읽는다

#서류나 편지의 오탈자를 없앤다
#교정 실수
#영문 스펠링 실수
#잘못된 날짜

☑ 다른 사람에게 읽어봐달라고 부탁하거나
   낭독 프로그램을 이용한다

☑ 위아래 거꾸로 방향을 바꿔서 확인해본다

☑ 한동안 시간을 두고 나중에 확인한다

☑ 중요한 메일은 자기 메일 주소로 보내서
   확인한다

## 혼자서 확인하면 실수하기 쉽다

서류를 작성하다 보면 오탈자는 많이 나올 수밖에 없습니다. 저는 예전부터 기사를 쓰면 다른 사람에게 읽어봐달라고 합니다.

서류나 메일을 작성한 본인은 다시 한번 읽어봐도 실수를 찾아내지 못할 때가 많습니다. 다른 사람이 보면 오탈자는 물론이고 어색한 표현 등도 발견할 수 있기 때문에 글의 완성도가 높아집니다. 하지만 지금은 업무의 개인화가 이루어져서 혼자서 해야만 하는 일들이 많이 늘어났습니다.

## 낭독 프로그램을 사용한다

다른 사람의 도움을 받기 힘든 상황일 때는 화면 낭독 프로그램을 활용할 수 있습니다. 낭독 음성을 듣고 있다가 어색하게 느껴지는 표현이 있다면 원고를 다시 확인합니다.

유료 프로그램이 더 자연스럽게 낭독해 주지만 문장에 문제가 있는지 확인하기 위한 것이라면 다소 낭독이 부자연스러워도 큰 문제는 없습니다. 지금은 윈도10, 워드의 '소리내어 읽기', 엑셀의 '셀 읽어주기' 기능도 있습니다.

## 보는 방향을 바꿔서 살펴본다

프로그램의 도움도 받기 힘들고 혼자서 검토해야 하는 상황이라면 보는 방향을 바꿔보는 것도 방법입니다. 가로 화면으로 보고 있던 원고를 세로 화면으로 본다거나 상하 반대로도 확인해보는 것입니다.

그렇게 하면 희한하게도 이전에는 찾아내지 못했던 실수가 하나씩 보이기도 합니다. 시간을 두고 다시 확인하는 것도 방법입니다. 기분이나 상태에 따라 거슬리는 부분이 달라질 수 있기 때문입니다.

## 중요한 메일은 자신의 메일로 한 번 보내본다

메일을 쓸 때도 오타가 많이 발생합니다. 저는 메일을 다 쓰고 나면 습관적으로 다시 한번 읽어봅니다.

그래도 여전히 메일을 보내고 난 후에 실수를 발견하기도 합니다. 그래서 세운 추가적인 대책은 메일을 저의 메일 주소로 보내서 내가 그 메일을 누군가에게 받았다고 생각하고 읽어보는 것입니다.

그렇게 하면 다소 강한 표현이 있다거나 오해를 불러일으킬 만한 말이 있다는 사실을 깨닫기도 합니다. 모든 메일을 다 그렇게 할 수는 없겠지만 중요한 메일이라면 이렇게 여러 번 확인하는 것도 방법입니다.


## 잘 모르는 단어는 이미지 검색을 활용한다

영어 단어의 정확한 의미가 무엇인지 알고 싶을 때 매우 도움이 되는 기능이 있습니다. 브라우저의 이미지 검색 서비스입니다.

예전에 핸들형 전동 휠체어(사륜, 또는 삼륜의 오토바이와 같은 형태로 고령자나 몸이 불편한 사람이 이용. 최고 속도는 6km/h로 제한되어 있다)의 영문 번역이 'electrical scooter'로 되어 있는 것이 어색하게 느껴져서 이미지 검색을 한 적이 있습니다. 그랬더니 제가 생각했던 것과 완전히 다른 물건이 나왔습니다. 핸들

형 전동 휠체어는 영어권에서는 'mobility scooter'입니다.

이 단어를 써도 되는지 고민이 된다면 '이미지 검색' 기능을 이용하는 것도 방법입니다.

**이미지 검색을 해보면 생각했던 것과 다른 것이 나올 때도 있다!**

전동 킥보드
(electrical scooter)

전동 휠체어
(mobility scooter)

# 숫자 작업은
# 그래프로 확인한다

\# 경비 정산서 등 수치를 써넣어야 하는
　문서를 작성할 때 실수가 잦다
\# 숫자 실수를 완전히 없애고 싶다

☑ 숫자는 한 번만 입력하고 나머지는 자동으로
　계산되도록 한다
☑ 그래프를 만들어서 확인한다

이 책을 보고 있는 독자 중에도 숫자에 약한 사람이 많으리라 생각합니다. 교통비나 경비를 정산할 때마다 실수하는 사람도 있을지 모릅니다. 이상적으로는 숫자는 한 번만 입력하고 나머지는 모두 자동 계산으로 처리되도록 해야 합니다. 영수증에 쓰여있는 금액을 데이터베이스에 입력할 때만 직접 숫자를 입력하는 등 수기 입력을 최소한으로 줄여야 실수를 없앨 수 있습니다. 가장 먼저 해야 할 일은 경리 처리 방식을 점검하는 일입니다.

물론, 사내에 이미 정해진 방법이 있어서 바꾸지 못할 수도 있고 최대한 수기 입력 횟수를 줄인다고 하더라도 실수는 발생한다고 생각할 수도 있습니다. 그렇게 생각하는 사람들도 활용할 수 있는 방법을 소개하겠습니다.

## 그래프를 만들어 본다

많이 하는 숫자 실수가 자릿수를 틀리는 것입니다. 이러한 실수를 줄이려면 입력한 숫자를 모두 막대 그래프로 만들어 보면 좋습니다. 다른 곳과 비교해서 지나치게 높은 막대그래프가 있다면 그 부분이 틀렸을 가능성이 높기 때문에 다시 확인해야 합니다.

1985년경, 원자력 발전소 설계 업무를 했을 때의 일입니다. 지진이 발생했을 때 원자로 건물의 모서리 부분에 어느 정도 힘(응력)이 가해지는지 계산하는 일을 한 적이 있습니다. 그 힘이 안전한 범위 내에 있지 않으면 운전 허가가 나지 않습니다. 우리는 구조물을 메시(3D 모델이나 지형도를 그래픽으로 나타낼 때 그물처럼 들어가는 선을 말합니다)로 가상으로 구역을 나눠서 각 부분에 가해지는 응력을 컴퓨터로 계산했는데 그 결과가 안전 범위를 크게 넘어섰습니다.

당시 이 작업을 할 때 메시의 좌표를 수기로 입력했습니다. 결과 검증을 의뢰받은 저는 프린트된 자료 위에 나열된 좌푯값을 그래프로 만들어주는 프로그램에 입력했습니다. 그랬더니 그래프가 다른 부분과 크게 다른 부분이 있었습니다. 좌표 중 하나가 잘못 입력되어 말도 안 되는 계산 결과가 나온 것입니다.

상사에게 이 결과를 설명했더니 바로 담당자에게 내용을 전달했고 제대로 된 수치를 넣어 다시 프로그램을 돌렸습니다. 그러자 수치가 안전 범위 내로 들어왔습니다. 칸막이 너머로 담당자가 상사에게 "저 친구는 어떻게 이런 실수를 찾아낸 거지?"라며 굉장히 의아해하는 목소리가 들렸고 상사는 "음, 잘 모르겠네."라고 답하며 상황이 종료되었습니다.

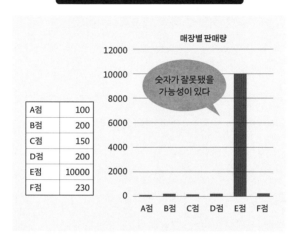

## 처음에는 위에서부터,
## 두 번째는 밑에서부터 검산한다

예전부터 요식업을 하는 사람이 무언가를 더해야

할 때 자주 쓰던 방식인데 위에서부터 덧셈을 하고 밑에서부터 다시 한번 더 더해보는 것입니다. 처음과 다른 순서로 더하기 때문에 실수를 발견하기 쉽습니다.

## 사람이 직접 계산하거나 입력하지 않도록 한다

틀리지 않는 가장 좋은 방법은 최대한 사람이 직접 하지 않는 것입니다. 계산은 기본적으로 엑셀로 하고 숫자는 직접 손으로 입력하지 말고 복사와 붙여넣기를 사용해야 합니다. 복사해서 붙여넣기를 할 때는 원본 데이터가 변경되면 붙여넣기를 한 데이터도 변경되는 '연결하여 붙여넣기' 옵션을 활용하면 됩니다. 그럴 필요가 없는 경우에도 되도록 직접 입력하지 말고 붙여넣기 기능을 쓰면 실수를 줄일 수 있습니다. 일정을 입력할 때도 일정이 적힌 메일을 복사해서 스케줄 앱 등에 붙여넣기를 하면 잘못 입력하는 실수를 줄일 수 있습니다.

# 교정은 대충 두 번 한다

#교정 실수
#오탈자를 없앤다

- ☑ 꼼꼼하게 한 번만 보기보다는 대충 보더라도
  두 번 보는 편이 실수가 적다
- ☑ 급할수록 돌아가라

# 교정은 꼼꼼하게 한 번 하는 것보다는
## 대충 두 번 하는 편이 낫다

급하게 서류나 발표 자료를 작성할 때 보통 꼼꼼하게 한 번만 확인해야겠다고 생각하는 사람이 많습니다. 두 명이 함께 확인하려면 시간이 오래 걸리니까 한 사람이 책임지고 확인하면 된다는 생각일 것입니다. 물론 실수하지 않도록 평소보다 더 꼼꼼하게 보려고 하겠지만 이러한 행동이 실수를 낳습니다.

우리가 아무리 제대로 보더라도 주의력에는 한계가 있어서 PART 0의 보이지 않는 고릴라처럼 놓치는 부분이 있을 수밖에 없습니다. 제대로 보는 것 같지만 정확히 보지 못하는 상황이기 때문에 절대로 놓치지 않겠다고 생각하며 꼼꼼하게 확인하더라도 놓치는 부분이 생기기 쉽습니다. 예를 들어, 어떤 실수를 발견하면 그곳에 정신을 집중하기 때문에 그 주변에 잘못된 부분이 있더라도 찾아내기가 힘듭니다.

또 사람들은 의외로 문자를 있는 그대로 보지 않습니다. 틀린 부분이 있어도 알아차리지 못하고 오히려 머릿속에서 제대로 된 표현으로 제멋대로 변환해서 인지하는 경우가 있습니다. 하물며 바쁠 때는 초조한 감정이 들기 때문에 집중력이 더 떨어지고 주의력이 부족한 상황인 경우가 대부분입니다. 그러다 보니 아무리 제대로 보려고 하고, 실수가 없도록 조심하자고 생각한다고 한들, 심리적인 위안일 뿐, 큰 효과는 없고 오히려 실수가 나올 위험성이 높아집니다.

그렇다면 이렇게 바쁠 때는 어떻게 하면 좋을까요? 어떻게 하면 속도와 정확성을 모두 잡을 수 있을까요? '제대로 한 번만'이 아니라 대충 훑어보더라도 반복해서 여러 번 봐야 합니다. 즉, 급할수록 돌아가야 합니다.

두 명이 확인하면 가장 좋겠지만 만약 혼자서 확인해야 한다면 천천히 시간을 들여서 한 번만 확인하는 것보다는 짧게 보더라도 두 번 반복해서 보는 편이 실수가 적습니다. 그때 어떤 부분을 중점적으로 볼지 정하고 처음 확인할 때와 두 번째 확인할 때 집중적으로 보는 부분을 달리하면 더 효과적입니다.


## 주의해서 볼 부분을 정하고 나서 확인한다

밑줄이 생기는 부분을 수정하고 나면 다시 인쇄

해서 읽어봐야 합니다. 그 외에도 다음과 같은 방법으로 매번 어떤 부분을 더 중점적으로 점검할 것인지 정하고 읽어보면 더 좋습니다.

1) 의미가 잘 전달되는지 주의해서 읽는다.

2) 오탈자나 잘못 쓴 한자가 없는지 주의해서 읽는다.

3) 절대 틀려서는 안 되는 부분(직함, 이름, 숫자, 금액 등)은 체크리스트를 만들고 어떤 부분을 더 주의해서 볼 것인지 정한 후에 읽는다.

# 파일명에 날짜를
# 기입한다

\# 저장하지 않고 종료했다
\# 중요한 서류를 덮어쓰기 한 후
   저장해버렸다
\# 데이터가 사라졌다!

☑ 실행 취소 기능을 사용한다
☑ 우선 오늘의 날짜를 입력한 파일명으로
   저장해둔다
☑ 파일은 백업해두거나 메일로 보내놓는다

데이터를 잘못해서 삭제하는 실수도 자주 합니다. 두 종류의 실수가 있습니다. 각각의 상황을 생각해보 겠습니다.

1) 문서에 있는 문자 등의 데이터 삭제(예를 들면 문자를 삽입하려고 했는데 '수정 모드(한글)'나 '겹쳐쓰기(워드)'로 설정되어 있어서 기존의 문자가 사라졌다, 필요한 단락을 삭제했다, 저장하지 않고 종료했다 등)
2) 파일 자체를 삭제

## 문서에 있던 문자가 사라졌다!

우선 문서 안에 적혀있던 글자 등의 데이터가 사라진 경우입니다. 마이크로소프트의 3대 보물이라고 불리는 워드, 엑셀, 파워포인트는 매우 뛰어난 프로그램으로 Ctrl+Z(실행 취소)로 꽤 과거의 작업까지도 되돌릴 수 있습니다. 하지만 과거의 모든 작업을 취소할 수 있는 것은 아니고 제한이 있습니다. (디폴트는 100번까지.[6])

게다가 덮어쓰기를 하고 나서 저장하고 종료해버

리면 실행 취소 기능을 써서 이전 단계로 돌아갈 수 없습니다. 한 번만 사용하는 짧은 파일이고 다음 날에는 필요 없는 문서라면 실행 취소 기능으로 충분히 실수를 되돌릴 수 있습니다.

## 문서 자체를 지워버렸다!

파일을 저장하려고 했는데 잘못해서 삭제해버리는 실수도 종종 합니다. 우선 삭제 키Delete를 사용해서 삭제한 파일은 '휴지통'에 들어가 있는 경우가 많으니 확인해보면 됩니다. (만약 '파일을 휴지통에 버리지 않고 삭제할 때 바로 제거'에 체크되어 있으면 그대로 삭제되기 때문에 주의해야 합니다.)

## 파일을 찾을 수 없을 때 해결 방법

저장한 파일이 보이지 않을 때 검색 기능을 써서 파일을 찾을 수 있지만 시간이 걸리고 파일명을 정확하게 기억하지 못한다면 찾기 쉽지 않습니다. 그럴 때는 작성일로도 검색 가능합니다. 지나치게 옛날 버전이 아니라면 워드나 엑셀을 켰을 때 바로 뜨는 화면 또는 파일 메뉴의 '최근에 사용한 항목'에서 찾을 수 있습니다.

## 오늘의 날짜를 파일명에 입력하고 우선 저장한다

혹시나 파일을 삭제하더라도 큰 타격이 없도록 저는 파일을 열고 파일명 제일 앞부분을 오늘 날짜로 바꿔서 저장한 후 작업을 시작합니다. ('210103_filename'이라는 이름의 파일을 열었다면 '210104_filename'으로 파일명을 변경하고 '다른 이름으로 저장'한 후 작업을 시작하는 것입니다.)

특히, 며칠에 걸쳐 자주 업데이트해야 하는 파일(지금 제가 초안을 작성하고 있는 원고 파일도 그런 파일입니다)처럼 2~3일마다 수정하거나 업데이트해야 하는 파일은 이러한 방식으로 저장합니다.

매일 작업을 하고 덮어쓰기 방식으로 저장하면 하나의 파일만 존재합니다. 실수로 그 파일이 사라지게 되면 처음부터 다시 작성해야 하니 절망적일 수밖에 없습니다. 전날까지 작업한 파일을 다른 이름으로 저장해두면 혹시 파일이 삭제되더라도 하루치 작업 분량만 다시 하면 됩니다. 그리고 파일은 항상 적어도 두 곳에 저장합니다. 매일 파일명을 바꾸고 그날 일을 마치기 전에 두 번째 장소에 저장하기 때문에 버전을 착각할 일도 없습니다.

데이터를 두 장소에 보관하는 방법에도 여러 가지 요령이 있습니다. 상대가 누군지에 따라서도 달라지겠지만 미완성 파일을 메일에 첨부해 아직 작성 중이라고 미리 양해를 구하고 상대에게 보내는 것도 방법입니다. 자신의 컴퓨터 환경과는 상관없는 하드디스크에 백업 파일을 보내는 것이기 때문에 사라질 위험이 없습니다. 또는 작업 중인 파일을 보내기 위한 전용 메일 주소를 하나 만들어서 그곳으로 파일을 전송합니다. 작업 중인 백업 파일은 며칠만 보관해두면 충분하기 때문에 라인<sup>LINE</sup>(일본에서 가장 많이 쓰이는 메신저-옮긴이)의 Keep 기능을 이용해서 보관하는 것도 방법입니다.

# 첫 장만 우선 인쇄한다

\# 잘못된 서류를 대량으로 인쇄했다

\# 가로와 세로를 착각해서 서류를
   이상하게 인쇄했다

☑ 기기에 표시되는 메시지를 제대로 확인한다

☑ 엑셀 문서를 한 장으로 인쇄하고 싶다면 '한
   페이지에 시트 맞추기'를 선택한다

☑ 첫 장만 우선 인쇄해본다

☑ 복사를 다 하고 나면 '리셋' 버튼을 누른다

## 기기에 표시되는 메시지를 제대로 확인한다

사무실에 있으면 복사나 프린터를 잘못 조작하는 일도 많습니다.

"A4 용지에 인쇄하려고 했는데 B5 용지에 인쇄되었다."

"앞사람이 변경한 설정 때문에 1장이면 되는데 6장이나 복사했다."

이런 실수는 기기에 표시되는 메시지를 잘 살피지 않았기 때문에 일어나는 일입니다. 프린터는 인쇄 미리보기 화면을 확인하면 내가 설정을 잘못했다는 사실을 금방 알아차릴 수 있습니다. 그리고 복사기에 작기는 하지만 확인 화면이 나오기도 합니다. 그러한 것을 놓치지 않고 꼼꼼하게 잘 살펴보는 것이 사실은 중요합니다. 복사기는 복사를 시작하기 전에 무조건 리셋버튼을 누르거나 작업을 마친 후에 반드시 리셋 버튼을 눌러야 한다는 규칙을 만들고 싶을 정도입니다.

기본적으로 기기와 관련된 에러가 발생하는 이유는 기기가 아직 충분히 발전하지 않았기 때문이라 생각합니다. 기기에는 사람의 메시지를 전달하기 위한 다양한 버튼이 존재합니다. 하지만 프린터나 복사기 등의 기기가 사람에게 메시지를 전달할 때는 "이런 메시지를 받았습니다."와 같은 내용을 작은 액정 화면으로 보여주는 수준에 그치는 경우가 많습니다. 시간에 쫓겨 허둥지둥하다 보면 그러한 메시지를 놓치기 쉽습니다. 기기가 아직 충분히 똑똑하지 않다 보니 사람들이 지나치게 많은 부담을 떠안게 되는 것입니다.

다만, 조금 시간이 지나면 부탁한 일을 기기가 음성으로 전달해주거나 조금 더 큰 화면으로 여러 가지 내용을 알려주게 될 것이라 생각합니다.

복사기도 처음에는 무조건 한 장만 나오도록 설정할 수 있다면 그 페이지를 보고 확인할 수 있으니 잘못된 서류를 여러 장 뽑을 일도 사라질 것입니다. 지금 복사 버튼을 누른 사람이 그전에 복사한 사람과 다른 사람이라면 설정 조건을 초기화하는 기능도 지금 기술 발달 수준이라면 구현 가능하리라고 생각합니다. 기기의 발전도 실수를 줄이는 데에 도움이 됩니다.

## 프린터·복사기 체크리스트

☐ 한 장으로 인쇄하고 싶을 때는 먼저 '한 페이지에 시트 맞추기'를 선택한다(엑셀).

☐ 용지 사이즈가 맞게 설정되어 있는지 확인한다.

☐ 가로, 세로 방향이 맞는지 확인한다.

☐ 양면인지 단면인지 확인한다.

☐ 흑백인지 컬러인지 확인한다.

☐ 앞뒤가 있는 종이는 방향이 맞게 잘 놓여있는지 확인한다.

☐ 일단 한 장만 뽑아서 문제가 없는지 확인한다.

☐ 작업이 끝나면 리셋 버튼을 누른다.

# 눈앞의 건물을
# 먼저 확인한다

#지도를 봐도 목적지에 도달하지 못한다
#자주 길을 잃는다
#처음 가는 장소는 불안하다

☑ 우선 눈앞에 있는 건물의 장소만 확인한다

## 길을 잃으면 우선 지도에서 현 위치를 확인한다

지도를 보고도 목적지에 쉽게 도달하지 못하는 사람도 있습니다. 지금은 지도 앱이 잘 되어 있어서 상세한 정보와 함께 현 위치, 진행 방향까지 알려줍니다. 그런데도 길을 못 찾고 헤맬 때도 있습니다.

엄청난 정보량에 압도되어 여유가 없어지다 보니 정보를 제대로 정리하고 적절하게 활용하지 못하기 때문입니다. 작업 기억이 꽉 차서 작동을 멈추는 바람에 생각을 할 수 없는 상태라고 할 수 있습니다. 거기다가 '이러다가 약속에 늦겠어!'라는 생각까지 더해지면 더 집중하지 못하고 당황하게 됩니다.

이럴 때는 반대로 눈에 보이는 정보를 줄여야 합니다. 눈앞의 건물이 지도상에서 어디에 있는지 찾는 일에만 집중해 보세요. 여기저기로 분산되는 주의력을 한곳으로 모을 수 있습니다. 이렇게 눈앞에 있는 정보를 하나씩 처리해 나가면 어렵지 않게 목적지에 도달할 수 있습니다.

일단 주의력이 분산되지 않도록 하고 여유를 가지는 것이 중요합니다.

1 후지타 다다시, 〈지연 행동과 실패 행동의 관련성에 대해서〉, 교육 실천종합센터 연구 정기 간행물, 2005년

2 사이토 히토미 〈과제 수행 시간 예측과 지연 행동 및 지연 의식과의 관계〉, 아이치 교육 대학교 연구 보고, 2016년

3·4 BBC "How to Make Deadlines Motivanting, Not Stressful" 2020.5.1.[http://www.psychologicalscience.org/news/how-to-make-deadlines-motivating-not-stressful.html]

5 David A.Rosenbaum, Lanyun Gong, Cory Adam Potts, Cory Adam Potts"Pre-Crastination: Hastening Subgoal Completion at the Expense of Extra Physical Effort" 2014.5.8.[http://journals.sagepub.com/doi/abs/10.1177/0956797614532657]

6 Office support "Undo, redo, or repeat an action"[http://support.microsoft.com/en-us/office/undo-redo-or-repeat-an-action-84bdb9bc-4e23-4f06-ba78-f7b893eb2d28#:~:text=Excel1%20other%20Office,in%20the%20Microsoft%20Windows%20registry.]

# 왜 자주
# 깜빡할까요?

# 꼭 해야 하는 일은
# 습관화한다

이이노 겐지

\# 물건을 잘 잃어버린다

\# 가져가려고 했던 물건을 놓고 간다

\# 휴대전화 충전을 깜빡한다

☑ 물건은 제자리를 정해둔다

☑ 꼭 해야 하는 일은 습관화한다

☑ 필요한 물건을 한곳에 모아서 들고 다닌다

## 잊어버리지 않는 습관을 만든다

자주 물건을 잃어버리는 사람들이 공통적으로 하는 행동은 물건을 무심결에 자꾸 어딘가에 놓는다는 것입니다. 이를 예방하려면 어디에 무엇을 놓을지 미리 제자리를 정해야 합니다. 만약 그게 힘들다면 습관을 들이면 어떨까요?

제가 매일 먹어야 하는 약이 있는데 예전에는 1주일 치나 2주일 치를 한꺼번에 들고 다녔습니다. 그런데 규칙 없이 대충 들고 다니다 보니 일주일이 지난 다음 날 약을 챙기는 것을 곧잘 잊어버렸습니다. 그래서 매일 아침 정해진 시간에 그날의 약을 가방에 넣는 습관을 들였더니 약을 깜빡하는 일도 없어졌습니다.

만약 휴대전화 충전을 자꾸 잊어버린다면 집에 오면 무조건 충전부터 먼저 하는 등 하나의 습관처럼 자리 잡도록 하는 것도 방법입니다. 가지고 다니는 물건을 줄여서 한곳에 넣는 것도 잃어버리지 않기 위한 좋은 방법입니다. 저는 필요한 물건을 벨트 백에 모두 넣어서 가지고 다닙니다.

필요한 것을 깜빡하고 놓고 나가는 실수는 가방을

바꾸거나 내용물을 밖으로 꺼냈을 때 흔히 발생합니다. 가지고 다니는 물건을 최소한으로 줄이면 관리하기도 편합니다. 가방에서 꺼내지 않으면 잃어버릴 일도 없습니다. 가방을 그날의 스타일에 맞게 바꾸고 싶은 사람은 보조 가방을 활용하면 됩니다.

# 눈에 띄는 곳에 둔다

\# 보내야 하는 우편물을 보내지 않았다
\# 사야 할 물건이 있었는데 깜빡했다
\# 의뢰받은 업무를 잊고 있었다
\# 이미 있는 책을 또 샀다
\# 무슨 질문을 하려고 했는지 기억이 안
　난다

☑ 절대 잊어버릴 수 없는 장치를 마련한다
☑ 자신의 시선이 닿는 곳에 필요한 물건을
　놓아둔다
☑ 구매한 물건은 구매 리스트를 접어서 그
　항목이 보이지 않게 한다
☑ 겸사겸사 부탁하는 업무는 거절한다

## 잊어버릴 수 없는 장치를 마련한다

하려고 했던 일을 깜빡했던 경험은 다들 있지 않나요?

"내일은 ○○을 꼭 가지고 가야 해."

"오늘은 △△한테 전화해야 하는데."

"외출했을 때 우체통에 편지 넣어야지."

분명 기억하고 있었는데 어느샌가 잊어버려 결국 하지 못하는 경우도 많습니다. 우편물을 보내야 하는데 깜빡하고 그냥 돌아온 경험도 아마 다들 한 번씩은 있었을 것입니다. 저는 우편물 발송처럼 꼭 해야 하는 일이 있다면 그 일을 마칠 때까지 손에 들고 있습니다. 아침에 커피를 사러 갈 때도 손에서 놓지 않습니다. 방심하고 주머니에 넣으면 결국 기억 속에서 사라지기 때문입니다.

나갈 때 꼭 가져가야 하는 물건이라면 자기 행동 패턴을 분석해 보고 절대 잊어버리지 않는 방법을 생각해보면 좋습니다. 예를 들면 현관문 고리에 걸어놓는다거나 정기 승차권을 사용하는 사람이라면 카드 지갑 안에 메모를 넣어두는 식입니다.

저는 보내야 하는 우편물이 있을 때 봉투에 우표를 붙이고 문에 자석으로 고정해놓습니다. 그렇게 하면 안 보려고 해도 눈에 띄기 때문입니다. 그리고 일이 없을 때는 키보드 위, 일이 남아있을 때는 컴퓨터 모니터에 붙여두기도 합니다. 컴퓨터를 쓰다 보면 걸리적거려서 빨리 처리하고 싶어지기 때문입니다. 그리고 그 봉투를 한 번 들고 나갔으면 우체통에 넣을 때까지 절대 손에서 내려놓지 않습니다. 이렇게 반드시 볼 수밖에 없는 곳에 메모를 붙여두거나 필요할 물건을 놓아두면 해야 할 일을 잊어버리지 않습니다.


## 해야 할 일을 정리해서 자기 메일로 보낸다


미팅이나 회의가 끝났을 때 거기서 정해진 자신의 업무를 메일로 보내놓으면 수첩을 확인하지 않아도 바로 필요한 행동을 할 수 있습니다. 아이폰을 사용한다면 시리Siri(애플의 음성 인식 시스템-옮긴이)로 메모에 음성 입력해서 그대로 메일로 보낼 수 있기 때문에 걸으면서도 가능합니다. 그리고 메일을 열었을 때 바로 그 업무를 하면 해야 할 일을 잊어버리는 실수도 없어집니다.

"이 메일은 지금 회의에서 결정된 사항을 기록하기 위해 쓰고 있습니다."로 시작하는 메일을 상사에게 보내면 자신이 잘못 알고 있는 부분이 있을 때 빠르게 수정할 수 있고 나중에 다시 확인할 수 있기 때문에 실수를 줄이는 데 도움이 됩니다.


## 질문 사항이 있었는데 깜빡했다


그 외에도 깜빡깜빡하는 실수는 흔히 발생합니다. 저는 앞서 소개한 스케줄 앱 덕분에 그런 실수는 완전히 사라졌습니다. 사소한 일이라도 지금 당장 하지 않는다면 리마인더 기능이 있는 앱에 등록하고 할 일을 떠올릴 수 있도록 합니다.

이 방법을 사용할 수 없는 상황도 있습니다. 부장을 만나면 물어봐야겠다고 생각했던 질문이 있었는데 막상 만나면 생각이 나지 않을 때도 있습니다. 회의가 예정되어 있다면 할 말을 미리 적어두면 되지만 언제 만날지 모르는 상황이라면 메모지에 적어서 모니터 화면에 붙여둡니다. 수첩을 사용한다면 다시 만나서 질문할 때까지 매일 그날의 일정으로 넣어둡니다. 앱을 사용한다면 마찬가지로 하고 싶은 질문을 그날 일정에 포함합니다.

모니터에 붙일 때 저는 문자가 아니라 직접 일러스트를 그립니다. 상대가 보더라도 내용을 바로 알기 힘들고 어떤 일러스트(아래 그림 참조)를 그려야 할지 생각하며 그리면 창의력이 길러지는 느낌이 들기 때문입니다.

이런 메모를 붙여둡니다

## 구매한 물건은 구매 리스트를 접어서
## 그 항목이 보이지 않게 한다

누군가가 물건을 대신 사다 달라고 부탁했을 때 구매 리스트가 필요합니다. 리스트를 보면서 다 샀다고 생각했는데 나중에 보니 사지 않은 물건을 발견하기도 합니다. 사람마다 쇼핑 리스트 활용법은 다 다르겠지만 저는 바구니에 상품을 넣고 나면 리스트에서 그 물건은 접어서 보이지 않게 하고 마지막에 리스트에 남은 물건이 없어지면 쇼핑을 마칩니다. 이렇게 하면 놓치고 사지 않는 물건은 없어집니다.

## 구매한 책은 웹 서비스에 등록한다

저는 닥치는 대로 다양한 책을 읽는 편입니다. 시대물부터 SF, 미스터리, 호러, 논픽션, 여행기까지 장르를 가리지 않고 뭐든 다 읽습니다. 가끔 당황스러운 경우가 서점에 갔을 때 이 책이 이미 구매한 책인지 기억이 나지 않을 때입니다. 좋아하는 작가의 책 앞표지와 뒤표지의 내용 소개를 보고 없는 책이라고 생각해서 샀는데 알고 보니 예전에 산 책인 경우가 여러 번 있었습니다.

읽기 시작하고 바로 알게 될 때도 있지만 이상하게 이야기 전개가 내 예상과 딱 맞아떨어져서 뿌듯해하고 있는데 알고 보니 '전에 봤던 책이라서 그랬구나.' 하고 한참 후에 깨달을 때가 있습니다. 그래서 제가 가지고 있는 책의 데이터베이스를 만들고 서평을 남겨두어야겠다고 생각하던 차에 '북로그'라는 서비스가 있다는 사실을 알게 되었습니다. 바로 접속했더니 서적 표지 이미지까지 책장에 들어가 있어서 재미있게 작업할 수 있고 이미 가지고 있는 책인지 고민이 될 때 여기서 확인할 수 있습니다.

원하는 기능이 있다면 그 기능을 사용할 수 있는 서비스가 개발되어 있지 않은지 찾아보면 의외로 이미 있을 때도 있다는 사실을 이번에 새롭게 알게 되었습니다. 발명할 때 이미 비슷한 상품이 있는지 특허나 논문을 검색해보는 것과 비슷한 작업이라고 할 수 있겠지요. 배움에는 끝이 없습니다.

## 겸사겸사 부탁하는 업무는 거절한다

제가 고객을 만난다는 사실을 알고 있는 회계 담당자가 저에게 고객에게 청구서를 전달해달라는 부탁을 할 때가 있습니다. 그럴 때 저는 매번 거절합니다. 가는 김에 겸사겸사해달라고 하는 일은 웬만하면 하지 않는다는 나름의 원칙을 지키고 있습니다. 매정하다고 생각할지 모르지만 평소에 하던 작업이 아니기 때문에 스트레스를 받을 수도 있고 잊어버릴 가능성도 있습니다. 그럴 경우, 상대방의 업무에 지장을 초래할 수도 있기 때문입니다.

# 중요한 정보는
# 자기 메일로 보낸다

아이노 갠지

\# 서류를 잃어버린다

\# 필요한 물건을 바로바로 찾지 못한다

\# 물건 찾느라 시간을 허비한다

\# 말을 했는지 안 했는지 기억이 안 난다

☑ 중요한 서류는 스캔하는 습관을 들인다

☑ 서류 중에서 기억해야 하는 내용은 자기
메일로 보낸다

☑ 문구류 등은 사무실에서 공유하는 편이
찾는 수고를 덜 수 있다

## 중요한 서류는 바로 스캔한다

서류를 잃어버리거나 책상 위가 정리되어 있지 않아서 하루에 한 번은 어김없이 무언가를 찾아 헤매기도 합니다. 저도 종이 서류는 어디에 두었는지 기억이 안 날 때가 많습니다. 잃어버리지 않으려면 중요한 서류는 바로 스캔하면 됩니다.

지금은 스캐너도 좋아져서 1초 만에 서류 한 장을 스캔해서 PDF 파일로 만들어줍니다. 그것을 정해진 장소에 정리하거나 메일에 첨부해서 보내놓으면 잃어버리지 않고 나중에 쉽게 찾을 수 있습니다. 무엇보다 컴퓨터 메모리 어딘가에 분명 저장되어 있기 때문에 위치를 예측하기가 더 쉽습니다. 어디에 있는지 이곳저곳 돌아다니며 허둥댈 일도 없습니다. 서류가 잔뜩 쌓여있는 책상에서 일하지 않아도 됩니다.

다만, 간편한 방법이라고 해서 모든 서류를 다 종이 서류로 작성하고 스캔하는 방법은 좋지 않습니다. 메일이나 문서 검색을 할 때는 텍스트 데이터가 있는 편이 더 유리하기 때문입니다. 종이 서류를 어떻게 하면 없앨 수 있을지 항상 생각하며 일해야 합니다. 만약 한 사람당 컴퓨터 한 대를 사용한다면 회의용 서류도 데이터화해둡니다. 그렇게 하면 두꺼운 서류를 정리해서 회의 전날에 준비하는 업무를 하지 않아도 됩니다.

## 일시·결정 사항은 메일로 보낸다

스캐너가 없거나 스캔하기가 귀찮게 느껴지는 사람은 필요한 부분만 정리해서 자기 메일로 보내는 방법도 있습니다. 저도 종이 서류를 받으면 내용을 잘 기억하지 못할 때가 있기 때문에 중요한 사항은 제 메일로 보내놓습니다. 예를 들면, 강연 의뢰서를 종이 서류로 받았을 때 일시와 장소, 사례금, 교통비 별도 지급 여부 등 중요한 내용은 바로 제 메일로 보냅니다. 쓰는 것이 귀찮다면 사진을 찍어서 보내면 됩니다. 사진을 보낼 때는 메일의 본문이나 제목에 '강연 조건'이라고 기재해두면 검색으로 바로 찾을 수 있습니다.

사실 이 방법을 사용하지 않을 때는 항상 청구서에 얼마를 써야 할지 바로바로 떠오르지 않아 힘들었는데 메일로 보내놓으니까 검색으로 쉽게 찾을 수 있었습니다. 구두로 이야기했을 때도 바로 메일에 적어둡니다. 나중에 말을 했는지 안 했는지로 옥신각신할 일도 없습니다.

## 문구류는 찾지 말고 공용 물품을 사용한다

문구류는 회사 비용으로 구매한 물품이라면 공유하면 됩니다. 볼펜 같은 필기구는 주변을 둘러보면 보통 눈에 띄는 곳에 놓여있습니다. 그래서 쓰고 있던 펜이 없어졌다고 굳이 그 펜을 찾기보다는 옆에 있는 것을 그냥 쓰는 편이 더 빠릅니다.

그렇지만 '이건 내 볼펜이야.'라고 생각하는 사람도 있기 때문에 공유 책꽂이에 문구류를 놓아두면 문구류를 찾는다고 시간을 낭비하는 일은 줄어들 것입니다. 예전에는 볼펜에 이름을 붙여놓고 소중하게 쓰는 사람이 있었습니다. 잃어버렸을 때 찾는 시간을 생각하면 과연 효율적이라고 할 수 있을까요?

일본에서는 사람이 움직이면 인건비가 발생한다는 사실을 크게 의식하지 않는 듯합니다. 그래서 지금도 은행에 직접 돈을 송금하러 가는 것이겠지요. 수수료가 들더라도 사무실에서 인터넷 뱅킹으로 돈을 송금하는 편이 인건비는 더 저렴합니다. 직장 내에서도 물건을 찾는 시간도 비용이라고 생각하는 편이 업무 생산성은 더 높아질 것입니다.

# 나만의 체크리스트를
만든다

\# 거래처에서 쓰려고 가져간 프로젝터에
　배터리가 없다
\# 명함이나 필기구를 깜빡했다
\# 지갑에 돈이 없다

☑ 비상용을 항상 준비한다

☑ 항상 몸에 지니고 있는 물건과 함께 둔다

"외근을 가서 프로젝터를 사용하려고 했는데 리모컨 배터리가 없었다."

"명함을 놓고 왔다."

"메모하고 싶은데 펜을 깜빡했다."

"지갑에 돈이 없었다."

이런 실수를 없애려면 미리 외출할 때 필요한 물품 리스트를 만들어두고 확인해야 합니다. 이것만 해도 실수를 예방할 수 있습니다.

## 체크리스트가 주의력을 낭비하지 않도록 도와준다

체크리스트를 만드는 편이 좋다고 말하면 대부분은 '이런 체크리스트 군이 만들어야 하나?'라며 동의하지 못합니다. 체크할 항목이 대부분 너무나 당연한 것들이다 보니 체크리스트를 만들지 않더라도 그때그때 신경 써서 확인하면 된다고 생각하는 것입니다.

하지만 이러한 생각은 옳지 않습니다. 그때그때 신경 써서 확인하려면 용량에 한계가 있는 뇌의 주의력을 매번 써야 하기 때문입니다. 아무리 당연하고 쉬운 일이라도 체크리스트가 있는지 없는지에 따라 주의력에 미치는 부담감도 크게 차이가 납니다.

## 자주 깜빡한다는 사실을 기억하고 있으면 잊어버리지 않는다

잊어버리는 상황에 대비해 미리 '비상용'을 준비해서 항상 가방에 넣어두면 실수할 일이 없습니다. 예비 전지를 항상 프로젝터와 함께 넣어둔다거나 명함, 돈, 펜은 명함 지갑이나 지갑뿐만 아니라 다른 곳에도 넣어두면 안심할 수 있습니다.

저는 명함은 명함 지갑뿐만 아니라 가방에 열 장 정도 넣어두었고 돈도 카드 지갑에 만 엔짜리 지폐 한 장을 넣어놓았습니다. 그렇게 하면 현금이 갑자기 필요할 때도 당황하지 않고 대처할 수 있습니다.

기억력이 좋다는 말을 듣는 사람은 자기 자신을 기억력이 좋지 않아 쉽게 잊어버린다고 평가하는 경우가 많습니다. 잘 잊어버린다고 생각하기 때문에 중요한 일을 반복해서 기억하려고 하고 메모하거나 잊지 않도록 하는 장치를 마련해두는 것입니다.

# 서류는 그때그때 버린다

\# "그 서류 있어?"라고 누가 말했을 때
　바로 찾지 못한다
\# 필요한 서류를 못 찾는 경우가 많다
\# 서류 정리 방법을 잘 모르겠다

☑ 메일 정리와 동일하게 생각한다

☑ 태그(클리어 포켓)를 붙여서 정리한다

☑ 아직 정리하지 않는 서류를 모아두는 장소를
　따로 마련한다

☑ 나중에 볼 일이 없는 서류는 버린다

앞서 말한 것처럼 종이 서류를 받았을 때 중요한 정보가 담겨있다면 그 내용을 상대방이나 자신에게 메일로 보내거나 스캔해둡니다. 종이 서류는 메일과 비교하면 분실할 가능성이 압도적으로 높기 때문입니다.

지금은 정리해야 하는 서류 수가 많이 줄어서 꼭 보관해야 하는 서류는 파일 보관 상자나 클리어 포켓만으로도 충분히 정리할 수 있습니다. 저의 서류 정리 방법도 소개하겠습니다. 제 책상 위는 다음과 같이 분류되어 있습니다.


- 보관해야 하는 서류 = 파일 보관 상자+클리어 포켓
- 아직 처리하지 않은 서류 = 미분류 영역


구체적으로 하나하나 설명하겠습니다. 우선 파일 보관 상자는 필요한 프로젝트별로 나눠서 준비하고 그 프로젝트에 해당하는 서류를 넣습니다. 그중에서도 중요한 서류는 클리어 포켓에 넣어서 보관하고 바로 찾을 수 있도록 해둡니다. (중요한 메일에 컬러 코드를 쓰는 것과 비슷합니다.)

서류처럼 일상적인 물건은 정리하는 시간을 줄이

려는 노력도 필요하지만 파일 보관 상자에 정리할 때는 조금 더 시간이 걸리더라도 해두면 좋은 작업이 있습니다. 그것은 바로 책장에 꽂아놓았을 때 보이는 위치에 프로젝트명을 붙여두는 것입니다. 이것을 손으로 대충 적어두면 원하는 파일이나 바인더를 찾지 못할 때가 많습니다. 손으로 쓸 때보다는 번거롭지만 라벨링 프린터로 인쇄하거나 컴퓨터로 쳐서 뽑거나 라벨링 스티커 등에 인쇄해서 붙여두면 보기도 편하고 찾는 파일이 눈에 잘 띕니다. 이렇게 하면 일할 맛도 납니다.

저는 책상 위에 아직 처리하지 않은 서류를 모아두는 '미분류 영역'을 만들었습니다. 이것도 파일 보관 상자에 모아두고 싶다면 그렇게 해도 상관없지만 저는 쓰지 않는 책상 위의 일부를 활용합니다. 안건별로 조금씩 어긋나게 쌓아서 미처리 안건이 무엇인지 살짝 보이게 놓아두었습니다.

'미분류 영역'은 메일의 수신함과 비슷하다고 볼 수 있습니다. 아직 처리하지 않은 서류가 놓여있고 그것이 너무 높이 쌓이지 않도록 신경 쓰면서 시간이 있을 때 조금씩 할 일을 처리합니다. (별로 하고 싶지 않은 일, 관심은 없지만 인간관계 때문에 해야 하는 일이 정리되지 않고 그대로 남아있다는 점에서 메일함의 모습과 흡사합니다.)

서류 정리의 목적은 정리 자체가 아니라 나중에 필요할 때 쉽게 찾기 위해서입니다. 깔끔하게 하려는 것이 아니라 나중에 쉽게 찾으려고 한다는 사실을 생각하면서 너무 애쓰지 않고도 할 수 있는 방법을 찾아야 합니다.


## 회의 자료는 버려도 된다


일하다 보면 서류는 계속해서 쌓입니다. 나중에 볼 일이 없다고 생각되는 서류는 그때그때 과감하게 버려야 합니다. 예를 들면, 회의 자료 같은 것 말입니다. 일본도 최근 업무 효율화를 추진하고 있어 자료라고 해서 뭐든지 종이에 인쇄하는 일도 줄어들고 있습니다. 하지만 지금은 과도기적인 시기라 아직 종이에 인쇄된 자료를 봐야 한다고 생각하는 사람도 있습니다. 저는 이렇게 형식을 중요시하고 틀에 박힌 사고를 하는 사람들을 뒤에서는 '옛날 사람'이라고 부릅니다.

실제로 그 회의 때만 쓰려고 준비하는 자료이기

때문에 나중에 도움이 될 만한 부분만 사진으로 찍어 두고 나머지는 버려도 대부분은 문제없습니다. 코로나19의 유행으로 비대면 회의가 많아졌고 두꺼운 종이 자료를 받는 일도 줄어들었습니다. 하지만 종이가 완전히 사라지리라고는 생각하지 않습니다. 고용 조건이나 전근, 인사이동을 알리는 문서, 계약서 등은 종이 서류로 남아있을 것입니다. 바꿔 말하면 법적으로 필요한 문서, 공적인 문서 이외에는 종이 서류를 남겨두지 않아도 문제 되지 않습니다.

# 명함만 따로 모으지 않는다

\# 꼭 필요한 순간에 명함이 없다

\# 명함이 쌓여만 간다

\# 명함 정리가 필요할까?

☑ 관련 있는 서류와 함께 둔다

☑ 대부분은 메일만으로 충분하기 때문에 신경 쓰지 않는다

☑ 주소 등 명함에만 적혀있는 정보를 확인하고 싶을 때는 의뢰 메일을 신경 써서 보낸다

## 명함은 관련 있는 서류와 함께 둔다

명함 정리는 '정리하는 시간'과 '찾는 데 걸리는 시간'을 고려해 파일 보관 상자에 넣는 서류와 함께 스테이플러로 고정해둡니다.

이렇게 하면 따로 명함집을 만들지 않아도 됩니다. 정리할 서류가 없을 때는 따로 명함만 모아두고 필요할 때마다 찾습니다. 굳이 명함 관리 앱을 사용하지 않아도 됩니다.

최근에는 실제로 명함을 찾아야 하는 일이 거의 없습니다. 정보 교환은 메일로도 처리할 수 있고 명함에 적혀 있는 정보를 알아야 할 때는 메일로 물어보면 됩니다.

이때 골치 아픈 것이 정보량이 아직 적었던 시절에 업무를 배운 사람들입니다. 명함을 교환할 때 매너를 중시하고 명함을 교환했다는 사실을 상대가 잊어버리면 굉장히 불쾌해하거나 대놓고 화를 내기도 합니다. (앞서 말했던 형식을 중시하는 옛날 사람들입니다.)

그래서 명함에 있는 정보를 물어볼 때는 주의해야합니다. 예를 들면, 종이 서류를 보내야 하는 상황이라면 "○○ 서류를 보내드리겠습니다. 서류를 받으실 주소를 정확하게 적어서 답신 부탁드립니다."와 같이 메일을 어떤 내용으로 쓸지도 고민해 봐야 합니다.

# 중요한 메모는
# 사진을 찍어둔다

\#상사나 동료에게 의뢰받은 업무 내용을
　메모했는데 잃어버렸다

\#전화가 와서 메모를 남겼는데 너무
　급하게 써서 알아볼 수가 없다

☑ 메모는 사진을 찍어둔다

☑ 메모용 노트를 따로 만든다

## 메모를 했다면 사진으로 찍어둔다

전화가 걸려 와서 급하게 근처에 있던 포스트잇에 메모하거나 갑자기 상사가 불러서 급하게 메모를 남기는 경우가 있습니다. 그렇게 메모하기는 했지만 메모한 종이가 사라지는 일도 있지 않나요?

이러한 아날로그 세계에서 하는 실수는 IT 기기를 활용해 쉽게 예방할 수 있습니다. 바로 휴대전화 카메라를 이용하는 것입니다. 중요한 내용을 메모지에 적었다면 바로 사진으로 찍어둡니다. 그렇게 하면 만약 종이를 잃어버리더라도 사진을 보면 되니까 안심할 수 있습니다. 사진을 찍어두면 그것이 증거가 되기도 합니다. 저는 실험 데이터를 남길 때 실험 일지에도 적지만 스마트폰 카메라로 찍어둘 때도 있습니다.

일상 업무를 하다 보면 사진을 찍어두면 유용한 상황은 자주 있습니다. 예를 들어, 유저 ID와 비밀번호, 누군가의 이름, 주소, 전화번호 등 전달해야 하는 정보가 서류에 적혀있거나 컴퓨터 화면에 표시되어 있어서 옮겨적기 귀찮거나 잘못 옮겨적을까 봐 걱정될 때 이 방법을 사용합니다.

주소나 전화번호는 사진을 찍는 편이 빠를 수도

있습니다. (이것도 PART 0에서 말했던 투자 대비 효과의 원리에 따른 것입니다.) 기본적으로 한 번만 사용하는 정보를 보낼 때는 사진이 더 유리합니다.

간편하게 사진으로 남길 수 있는 시대가 되면서 생활 양식도 많이 바뀌었습니다. 일시적으로 기억해야 하는 아이디와 비밀번호는 사진으로 찍어두면 편리합니다. 필요한 정보를 사진으로 저장해두면 가족의 옷 사이즈를 착각해서 잘못된 옷을 사거나 필요한 건전지의 규격을 잘못 구입하는 등의 실수도 사라집니다.

## 급하게 쓴 메모를 못 알아본다

전화 통화를 하다가 급하게 메모를 썼는데 나중에 뭐라고 썼는지 자기가 쓴 글씨를 못 알아본 경험도 있지 않나요? 특히 상대의 말이 빠르면 그 속도에 맞춰서 빨리 적어야 하니까 쓰는 것만으로 힘에 부치기도 합니다.

그럴 때는 메모를 쓰고 나서 바로 다시 메모를 보며 정리해야 합니다. 대화를 나눈 직후라면 아무리 휘

갈겨 쓴 글씨라고 하더라도 무슨 생각으로 이렇게 썼는지 기억이 날 테니 조금 더 정확한 글씨로 다시 적어둡니다.

또, 잊어버리기 전에 내용을 정리해서 자기 메일로 보내놓습니다. 그렇게 하고 메모는 버리면 됩니다. 또 상대에게 "아까 논의했던 내용을 정리했습니다."라고 메일을 보내는 것도 좋은 방법입니다. 바로 확인하고 틀린 부분이 있다면 정정해 줄지도 모릅니다.

## 메모는 한 권의 노트에 정리한다

메모뿐만 아니라 물건을 어디에 두었는지 떠올리지 못하는 실수를 없애는 강력하고 효과적인 방법은 그 물건의 자리를 정해두는 것입니다. 집 열쇠나 지갑을 두는 장소는 아마 정해져 있을 것입니다. 그렇게 그 물건을 놓는 장소를 정하고 집에 돌아오면 무조건 그 장소에 놓아둡니다. 이것이 단순하고 뻔하지만 가장 좋은 방법입니다. 메모도 마찬가지로 모아두는 장소를 정하고 그곳에 항상 두는 것이 기본 정리 방법입니다.

또, 사내 회의 메모, 고객과 미팅할 때 남긴 메모, 독서 메모, 아이디어 메모 등 메모도 다양한 종류가 있기 때문에 어디에 무엇을 적어놓았는지 기억하지 못하는 상황도 많이 발생합니다. 이를 막기 위해서는 가능한 한 정보를 한곳에 모아두어야 합니다.

단순한 해결책은 메모나 기록은 한 권의 노트에 정리하는 것입니다. 다양한 주제가 섞이겠지만 그래도 노트 한 권만 훑어보면 되니까 주의력도 분산되지 않고 뇌에 지나친 부담이 가는 일도 없습니다. "정보를 일원화한다.", "정보는 한곳에 모아서 정리한다."라는 원칙을 항상 염두에 두면 물건을 못 찾는 일도 사라집니다.

# 바로 찾을 수 있게
# 파일명에 표시한다

\# 데스크톱 안의 파일들이 뒤섞여있다

\# 파일을 바로바로 찾지 못한다(검색해도
　　비슷한 파일이 여러 개 나온다)

☑ 폴더는 8~10개까지만 만든다

☑ 앞쪽에 표시하고 싶은 파일이라면 알파벳
　　에이(a)나 언더바(_)를 파일명 제일 앞에
　　붙인다

## 컴퓨터에 저장된 파일을 정리한다

요즘 같은 정보 혁명 시대에는 주변 정보를 얼마나 효과적으로 정리하고 필요할 때 바로 꺼낼 수 있느냐가 승부를 결정짓습니다. 서류, 메일, 전자 파일 등 자료 정리가 그만큼 중요합니다. 여기서는 개개인의 데스크톱에 있는 폴더나 파일을 정리하기 위한 계층 구조 만드는 법을 설명하겠습니다.

파일이 여기저기 흩어져 있어서 찾을 때 어려움을 겪지 않으려면 문서 폴더 속에 하위 폴더를 여러 개 만듭니다. 8~10개 정도가 적당합니다. 저는 비즈니스, 교육, 학회, 강연, 홈페이지 등 모두 8개의 큰 카테고리로 분류했습니다. 10개 정도로 정리해두면 항상 그것을 머릿속 서랍에 두고 의식할 수 있습니다. 업무를 10개의 큰 카테고리로 나누지 못한다면 그것은 정리하는 능력이 부족하기 때문입니다.

각각의 대분류 폴더 속에 중분류 폴더를 만듭니다. '매년 저장해두어야 하는 내용(경영 관리 등)'은 연도별로 폴더를 만들고 그 안에 '프로젝트', '거래처' 등 업무에 맞는 소분류 폴더를 만듭니다. 만약 자료가 적고 연도별로 나눌 필요가 없다면 연도별 폴더는 생략해도 상관없습니다. 서식 포맷, 업무 매뉴얼 등 매년 바뀌지 않는다면 그것을 중분류로 하면 됩니다.

저는 경영 관리와 관련이 있는 '비즈니스'와 '학회'라는 대분류를 만들어서 그 안에 연도 단위의 중분류 폴더를 만들고 각각의 연도 폴더 안에 소분류 폴더 '프로젝트'나 '고객' 등을 만듭니다. '교육' 폴더는

각 학교에서 매년 같은 교과를 가르치기 때문에 학교명이 중분류가 되고 연도 폴더는 그 아래 소분류에 넣습니다.

대분류는 10개를 넘기지 않는 편이 좋지만 중분류, 소분류는 10개로는 부족합니다. 하지만 필요하다고 해서 끝없이 늘리면 한 화면에 들어오지 않아 화면을 내려야 합니다. 대분류 하나에 들어가는 하위 폴더는 최대 20개 정도를 기준으로 삼으면 좋습니다. 그 이상이 되면 몇 개를 모아서 폴더를 하나 더 만듭니다.

## 1년에 한 번 정리한다

새해가 되면 그해의 대분류 폴더를 만들고 필요하면 중분류 폴더를 정의해둡니다. 이것은 꽤 즐거운 작업입니다. 올해 처음 만드는 폴더는 무엇과 관련된 것일까 설레기도 합니다. 작년에도 만들었던 폴더 구조와 거의 같은 구조를 새로 만드는 작업이라 쓸데없는 일처럼 보일 수도 있지만 이렇게 분류해두면 나중에 훨씬 편하게 파일을 찾을 수 있습니다. 다만, 파일 정리는 어디까지나 나중에 파일을 잘 찾기 위함이지 깔끔하고 예뻐 보이기 위한 것은 아닙니다.

## 파일에는 날짜를 적는다

한 프로젝트에 관한 파일이 많아지면 필요한 파일을 찾기 어려워집니다. 검색할 때 도움이 되는 것은 확장자에 따라 다르게 표시되는 프로그램의 아이콘, 파일을 마지막으로 저장한 일시 등입니다.

그런데 덮어쓰기를 하고 저장해버리면 덮어쓰기를 한 일시로 저장되기 때문에 주의해야 합니다. 파일이 처음에 작성된 일시도 파일 속성으로 저장되어 있지만 산처럼 쌓인 파일 더미 속에서 원하는 파일을 빠르게 찾는 데는 도움이 되지 않습니다.

필요한 파일을 빠르게 찾으려면 우선 '연월일'을 파일 앞에 적습니다. 언제 작업한 내용인지 어느 정도 짐작이 간다면 그 날짜 전후의 파일을 살펴보면 됩니다. 특히 요즘에는 날짜에 반드시 연도까지 넣습니다. 실수로 1년 전 파일을 메일로 첨부하는 일도, 필요한 파일을 찾을 때 엉뚱한 폴더를 열심히 뒤지는 일도 사라질 것입니다.

## 가장 위에 표시하고 싶은 파일에는
## 'a_'나 '_'를 파일명 제일 앞에 붙인다

폴더 안에 파일이 많아지면 사용 빈도가 높은 파일이 폴더 위쪽에 오도록 하거나 유사한 파일은 함께 표시하고 싶다는 생각이 들 것입니다. 그럴 때는 파일명에 '접두어'를 사용하면 됩니다. 예를 들어, 폴더 위쪽에 표시하고 싶은 파일은 ab_filename, ab_document와 같이 오름차순으로 정렬했을 때 위쪽에 오는 문자를 파일명 제일 앞에 적습니다.

폴더 수가 늘어났을 때 자주 쓰는 폴더를 위에 오게 하고 싶으면 폴더명에 언더바(_)를 붙입니다. 만약 모든 폴더에 다 알파벳 접두어가 있다면 아래쪽에 보이게 하고 싶은 폴더에는 'z_'를 붙이면 됩니다.

연도별로 나누어진 폴더는 그 해가 지나면 제일 앞에 알파벳을 붙입니다. 이러한 방식을 처음 사용한 2015년에는 2014년 폴더 앞에 'z_'를 붙여서 'z_2014'로 파일명을 바꾸었습니다. 그리고 2016년이

되면 이번에는 'z_2015'와 같이 지나간 연도의 폴더
는 아래쪽에 정렬되도록 폴더명을 수정했습니다. 자
주 사용하는 폴더를 찾지 못해 컴퓨터 화면을 손가락
으로 짚어 가면서 오름차순으로 되어 있는 폴더명을
찾았던 경험이 있는 사람은 이 방법을 사용해보시기
를 바랍니다.

여담이지만 실패학회에서는 가끔 기사를 업로드
합니다. 그때도 날짜는 반드시 연도부터 적습니다. 가
장 곤란한 상황이 검색을 통해 필요한 정보가 담긴 기
사를 찾았지만 월과 일만 적혀 있고 연도가 적혀 있
지 않을 때입니다. 본인이 작성한 창작물이나 기사가
훗날 좋은 평가를 받게 되는 상황에 대비해서라도 온
라인에 정보를 업데이트할 때는 연도도 포함해서 날
짜를 기록해두면 좋습니다.

# 외출할 때는 여유 있게
# 준비한다

아이노 갤지

\#잘못된 서류를 가지고 나갔다
\#중요한 서류를 꼭 잊어버린다
\#실수했을 때는 어떻게 해야 할까?

☑ 서류의 개별 표지를 만든다

☑ 사전에 메일로 데이터를 보내놓는다

☑ USB에 데이터를 넣어 다닌다

☑ 외출할 때는 여유 있게 준비한다

거래처에 잘못된 서류를 가지고 갔던 경험도 분명히 있으리라 생각합니다. 평소에는 하지 않을 법한 실수지만 당황하거나 외출하기 직전에 누가 말을 걸면 잘 확인하지 않고 근처에 있는 서류를 힐끗 보고 대충 들고나오다가 실수를 하기도 합니다. 이러한 상황을 막으려면 어떻게 해야 할까요? 잘못된 서류를 가지고 가는 상황은 두 가지가 있습니다.

1) 다른 거래처의 서류를 가지고 왔다.
2) 해당 거래처 서류이기는 하지만 예전 서류를 가지고 왔다.

우선 1번은 다양한 거래처에 제출해야 하는 서류가 비슷하게 생겼기 때문에 발생하는 문제입니다. 일본에서는 서류의 통일성을 중요하게 생각하다 보니 서로 다른 거래처인데 비슷한 포맷과 디자인의 서류를 만들어야 할 때가 많습니다. 그럴 때는 과감하게 거래처나 방문하는 회사를 한눈에 알아볼 수 있도록 서로 다른 디자인의 표지 페이지를 만듭니다. 그리고 날짜는 비교적 크게 인쇄하면 좋습니다.

지금은 컬러 인쇄도 많이 저렴해졌기 때문에 날짜

만 빨간색으로 표기하고 회사마다 빨간색 날짜의 위치를 바꾸는 등 헷갈리지 않게 하는 방법도 있습니다. 날짜를 써넣는 위치나 문자 크기, 폰트 등을 활용해 서류를 구분하기 쉬운 방법을 고민해보시기를 바랍니다.

만약 서류에 꼭 통일성을 주고 싶다거나 사내에서 같은 양식을 사용해야 한다는 규정이 있다면 표지 페이지 앞에 종이를 한 장 더 준비해서 헷갈리지 않도록 나름의 방식대로 표기합니다. 그리고 그 페이지는 거래처 엘리베이터나 건물 입구에서 떼버리면 됩니다.

## 실수로 예전 서류를 가지고 가지 않기 위해서는?

또 한 가지 자주 하는 실수는 예전 회의 때 사용했던 서류를 가지고 가는 것입니다. 이럴 때는 예전에 사용했던 서류를 없애버리면 됩니다. 거래처에서 돌아오면 회의에서 사용했던 서류를 바로 파쇄기로 처분합니다. 그렇게 하면 실수로 예전 서류를 가져갈 일도 없어집니다.

자신이 프린터로 출력한 서류이기 때문에 데이터

는 남아있습니다. 다시 봐야 할 때는 컴퓨터 화면으로 보면 되고 종이에 출력할 일이 생기면 다시 한번 인쇄하면 됩니다.

## 중요한 데이터는 USB에 넣어둔다

외출하기 전에 서류에서 실수를 발견하거나 파워포인트 파일을 노트북에 옮기는 것을 깜빡할 때도 있습니다. 사실 저도 그런 실수를 한 적이 있습니다. 지금은 프레젠테이션해야 할 때 노트북 하드디스크 외에 USB에도 같은 데이터를 복사해서 가지고 다닙니다.

거래처에서 노트북을 켰는데 갑자기 윈도 업데이트가 시작되거나 문제가 생겨 노트북이 켜지지 않을 때를 대비해서입니다. USB 사용을 금지하는 회사를 방문할 때는 인터넷 웹하드에 백업 파일을 올려두고 만일의 사태를 대비합니다.

데이터 백업용으로 만든 메일로 파일을 보내는 것도 방법입니다. 다만, 최근에는 사내 LAN을 통해 인터넷에 접속할 수 있게 해주는 관대한 회사도 점점 줄고 있기 때문에 포켓 와이파이를 가져가거나 휴대전화 데이터 테더링을 활용하는 등 대책이 필요할지도 모릅니다. 보안상 큰 문제가 없는 자료라면 사전에 거래처에 보내놓습니다.


## 외출할 때는 여유를 가지고 준비한다


이런 예기치 못한 돌발 상황에 대비해 여유 있게 출발해야 합니다. 시간 여유가 있으면 중간에 실수를 발견했을 때 동료에게 연락해서 파일을 메일로 보내달라고 하거나, 회사가 계약한 외부 서버가 있다면 보안이 잘 되어 있는 웹하드에 올려달라고 부탁할 수 있습니다. 종이 서류가 필요하다면 편의점이나 PC방에 가서 출력도 가능합니다.

# 사람 이름이 기억나지 않으면 자기소개를 먼저 한다

#한 번 만난 사람의 이름을 잊어버린다
#분명히 기억하고 있던 사람 이름이
  기억나지 않는다

☑ 만났을 때 그 자리에서 이름을 여러 번
  부른다
☑ '대학 시절 친구와 같은 이름이다'와 같이
  무언가와 연관 지어 기억한다
☑ 먼저 자기 이름을 이야기한다

분명 이름을 기억하고 있었는데 갑자기 생각이 나지 않았던 경험, 누구나 다 있을 것입니다. 사람 이름은 원래 잊어버리기 쉽습니다. "거래처에 방문해서 예전에 도움을 받았던 담당자와 우연히 만났는데 이름이 기억이 나지 않았다. 열심히 이름을 떠올리며 아무렇지 않은 표정으로 어떻게든 그 자리를 벗어났다." 이런 상황도 겪어본 적이 있을 것입니다. 이럴 때는 의미 있는 대화를 나누기도 힘듭니다. 이름을 떠올리는 데 온 신경을 다 쓰게 되어 근황을 묻거나 일과 관련된 이야기를 할 여유가 없기 때문입니다. 반드시 기억해야 하는 사람의 이름을 왜 자꾸 잊어버리는 걸까요?

이것은 베이커-베이커의 역설[baker-baker paradox]이라고 불리는 현상으로 이어서 소개할 실험을 통해 밝혀졌습니다. 실험에서는 두 개의 그룹으로 나눠 각각 모르는 남성의 사진을 한 장씩 보여주었습니다. 그때 한 그룹에는 그 사람의 이름, 또 하나의 그룹에는 그 사람의 직업을 알려주었습니다. 여기서 중요한 것은 알려준 말이 사람의 이름이 되기도 하고 직업이 되기도 하는 말이라는 점입니다. 예를 들면, '베이커[baker]=제빵사', '포터[potter]=도예가' 같은 말입니다.

그 후 사진을 보여주고 제공했던 정보를 기억하게 했더니 이름보다 직업을 더 잘 기억한다는 사실을 알 수 있었습니다. 이렇게 차이가 나는 이유는 사람의 이름인지 직업인지에 따라 연상되는 정보의 양이 다르기 때문입니다.

사람의 이름이라고 알려준 '베이커'는 이름 그 이상 그 이하도 아닙니다. 해봤자 지인 중에 같은 이름을 가진 사람을 떠올리는 정도이겠지요. 반면, 직업인 '베이커=제빵사'는 다양한 관련 정보를 떠올릴 수 있습니다. 이렇게 직업에서 떠오르는 정보가 더 많기 때문에 쉽게 기억할 수 있습니다.

## 처음 만났을 때 여러 번 이름을 부른다

이름을 기억하는 데 도움이 되는 간단한 방법은 처음 만났을 때 가능한 한 상대의 이름을 소리 내서 반복해서 부르는 것입니다. 예를 들면, 명함을 교환할 때, 미팅 중간에, 상대의 이름을 의식적으로 부릅니다. 그렇게 하면 상대 이름을 불렀던 경험이 기억 속에 남기 때문에 쉽게 잊어버리지 않습니다.

"○○ 씨, 처음 뵙겠습니다."

"△△ 씨가 지금 말씀하신 것처럼……."

이름을 부르면 상대와의 거리감이 줄어드는 효과도 있다고 합니다. 여러 가지 좋은 점이 많기 때문에 처음 만났을 때나 대화할 때 가능한 한 이름을 반복해서 부르도록 합시다.

## 관련 정보와 연관 지어 기억한다

관련 정보과 연관 지어 기억하면 나중에 쉽게 떠올릴 수 있습니다. 같은 이름을 가진 지인이 있다면 '대학 시절에 만났던 ○○랑 같은 이름이네.'와 같이 연관 지어 기억하는 것입니다. 구체적인 이미지, 특징적인 내용일수록 기억에 남기 쉬우니 이름을 들었을 때 떠오르는 이미지와 눈앞에 있는 사람을 함께 기억하는 것이 효과적인 방법입니다.

예를 들면, 다케우치竹內 씨라면 이름에 대나무 죽竹이라는 한자가 들어가니까 대나무 숲에 그 사람이 서 있는 모습을 그려보면 그 사람의 얼굴을 봤을 때 대

나무가 떠오르고 다케우치라는 이름도 금방 기억이
날 것입니다.

# 도저히 기억이 나지 않는다면
# 내 이름을 먼저 말한다

상대도 내 이름을 기억하지 못할 수도 있습니다. 상대가 곤란하지 않도록 먼저 자기 이름을 말하는 것도 방법입니다. 비즈니스 미팅이라면 "명함이 새로 나와서 다시 드리겠습니다."라고 말을 꺼내고 서로 명함을 교환하며 이름을 확인할 수 있는 상황을 만들면 됩니다. 이름을 확인할 계기가 필요한 것이니 정말로 새로운 명함이 아니어도 상관없습니다. 다만, 명함을 교환했던 사실을 잊었다고 화를 낼 만한 사람에게는 통하지 않는 방법이니 주의해야 합니다.

# 기억해야 하는 것은
# 반드시 메모한다

\# 이미 배운 것을 잊어버린다

\# 읽은 책의 내용이 기억나지 않는다

☑ 손으로 썼든 PC로 작성했든 나중에 자기가
　 편집하면 잊어버리지 않는다

☑ 책은 읽고 기록을 남긴다

## 수업 시간에 손으로 필기할 것인가, 컴퓨터로 작성할 것인가

대학 수업도 변화를 거듭하고 있습니다. 한때 교수가 파워포인트 자료를 만들어서 배포했더니 학생들이 아무도 필기를 하지 않는 것이 문제가 되어 칠판 필기가 부활한 적이 있습니다. 그런데 이번에는 칠판 필기를 노트에 적지 않고 휴대전화로 사진을 찍는 학생들이 생겨난 것입니다. 제 수업에서는 허용하고 있지만 탐탁지 않게 생각하는 교수도 있습니다.

하지만 칠판 필기를 옮겨 쓸 때 뇌의 대부분의 영역이 점령당하기 때문에 들은 내용에 대해 생각하거나 지금 쓰고 있는 내용을 곱씹어볼 여유가 없었던 시절과 비교하면 훨씬 나은 상황입니다.

다만, 칠판을 사진으로 찍어서 그것을 보며 공부하는 방법은 바람직하다고 볼 수 없습니다. 여유 있게 수업을 들을 수 있는 환경이 갖추어졌으니 필기한 내용을 자기 나름대로 다시 노트에 정리하거나 파워포인트 슬라이드로 작성해 보는 등 학습 방법을 스스로 고민해야 합니다.

키보드로 입력하는 것과 펜이나 연필로 작성하는

것은 효과가 다르다는 사실이 화제가 된 적이 있습니다. 저는 키보드로 입력하는 방식도 수기 작성과 같은 효과가 있다고 생각합니다. 손으로 쓸 때는 단순히 옮겨적기만 해도 효과가 있다고 합니다. 이와 마찬가지로 키보드로 입력하는 방식도 다른 곳에 표시된 문자를 자기 손으로 옮기는 작업이니 학습 효과가 있다고 할 수 있습니다.

다만, 단순히 쓰거나 입력해서 옮기기만 해서는 학습 효과는 수기로 쓰든, 키보드로 입력하든 그렇게 높지 않을 것입니다. 단순히 옮기기만 하지 말고 스스로 문장을 재구성하며 작성해야 합니다. 그렇게 하면 수기로 쓸 때는 문장을 기억해내는 작업을 통해 뇌의 기억 영역이 자극되고 자기 스스로 정리한 정보가 그 기억 영역에 쉽게 각인됩니다. 키보드로 입력할 때도 칠판을 찍은 사진을 보며 그 내용을 파워포인트 슬라이드에 새롭게 편집하다 보면 높은 학습 효과를 기대할 수 있습니다.

2016년 프린스턴 대학교와 캘리포니아 대학교 로스앤젤레스UCLA의 연구에 따르면, 대학 강의를 수기로 메모하는 학생과 노트북으로 필기하는 학생을 비교한 결과, 수기로 작성한 학생의 성적이 좋았고 기억 속에 쉽게 정착한다는 결과가 나왔다고 합니다. (반면, 필기 직후 테스트에서는 노트북으로 필기한 학생의 성적이 약간 높았습니다).[1] 이러한 차이는 배운 내용을 자기 머릿속에서 다시 한번 정리하면서 필기하는지 아닌지가 영향을 준다고 결론짓고 있습니다. 그렇다면 노트북으로 많은 양을 정확하게 메모하고 그것을 편집할 때도 학습 효과가 있다고 볼 수 있습니다.

손으로 쓰는 행위는 인간의 창의력을 키워줍니다. 저는 대학원에서 창의력 수업을 할 때 학생들에게 연필로 스케치를 시키기도 합니다. 초등학생 때나 중학생 때는 그림을 그릴 일이 꽤 있지만 대학생이 되면 그림 그릴 기회가 많지 않습니다. 손으로 쓰는 것이 아니라 그림을 그리는 것이기는 하지만 손을 움직이는 행위 자체가 창의력을 높여줍니다. 또 의미 없는 곡선을 종이에 그리기만 해도 창의력뿐만 아니라 생산성도 함께 높아집니다. 자기가 직접 손으로 써서 말하고자 하는 바를 정확하게 전달하려면 많이 써보며 익숙해져야 합니다. 이러한 점을 생각하면 종이는 절대 사라지지 않을 것입니다.

## 책은 읽고 나서 기록을 남긴다

책 내용을 잘 기억하기 위해 제가 실천하는 방법을 소개하겠습니다. 독서를 하다가 제가 관심 있는 분야인 실패, 창조, 사고事故와 관련해서 인상 깊은 문장을 만났을 때는 실패학회 홈페이지 가장 아랫부분에 적어둡니다. 작가와 제목도 함께 표시합니다. 어릴 때부터 독서를 좋아해서 지금도 머리맡에 항상 소설책이 있는데 기억해두고 싶은 부분이 생기면 그 부분과 책 표지를 스마트폰으로 찍어두고 다음 날 실패학회 홈페이지에 문구를 업데이트합니다. 그렇게 하면 기억에도 잘 남습니다.

# 최종 마무리 작업이
# 무엇인지 명확하게 한다

\#파일을 첨부하지 않고 메일을 보낸다

\#자료를 만들어 놓고 보내는 것을
  깜빡한다

☑ 완전히 마무리 짓지 않았는데 끝냈다는
  해방감에 속지 않아야 한다

☑ 마지막 동작까지 할 일 리스트에 적어둔다

업무를 거의 다 마치고 마지막 하나만 남았는데 그 일을 잊어버리는 경우가 있습니다. 구체적인 예를 들어보겠습니다.

"메일을 써서 보냈는데 파일을 첨부하지 않고 보냈다."

"보내야 하는 자료를 다 만들어 놓고 보내는 것을 깜빡했다."

"편지를 써놓고 부치는 것을 잊어버렸다."

중요한 작업을 거의 다 마치고 나서 이제 끝났다는 생각에 그 일에 신경을 덜 쓰게 되면서 생기는 실수입니다. 가장 중요한 고비를 넘기고 나면 안도감에 그 후 마무리 작업은 머릿속에서 사라져버리는 것입니다.

단체 여행을 갔을 때 해산한 장소에서 무사히 집까지 도착하는 것까지가 여행이라고 마지막까지 긴장을 풀지 말라고 이야기합니다. 이와 마찬가지로 자료를 실제로 전송하는 일까지가 업무라고 생각하고 긴장을 늦추지 않아야 합니다.

또, 이러한 실수를 막으려면 그 일의 최종 마무리 작업이 무엇인지 명확하게 해두어야 합니다. 할 일 리스트에 최종적으로 해야 할 일이 무엇이지 적어두고 그 일이 마무리되면 체크합니다.

가장 중요한 고비를 넘기거나 안도감을 느꼈을 때, 긴장이 풀린다는 사실을 자각하고 잠깐 휴식을 취한 후에 다시 마음을 다잡고 일을 끝까지 마무리해야 합니다. 아니면 다른 방법을 동원해서 작업이 완성되었는지 확인합니다. 일이 완전히 마무리되었다는 사실을 확인했다면 그 일에서는 완전히 신경을 끄면 됩니다.

# 다른 방법으로도 확인한다

저는 기계공학 박사과정을 하며 정보공학을 부전
공했기 때문에 기계공학자 중에서는 프로그램을 자
주 만드는 편입니다. 프로그램에 새로운 기능을 넣고
싶을 때 새로운 기능을 구현하기 위한 프로그램을 만
들어 놓고, 기존 프로그램에 그 기능을 넣는 일을 깜
박할 때가 있습니다. 함께 일하는 동료에게 의기양양
하게 완성됐다고 메일을 보냈는데 실행이 잘 되지 않
는다는 연락을 받고서야 마지막 마무리를 안 했다는
사실을 깨닫는 일이 종종 있었습니다.

이러한 실수를 없애기 위해 생각해 낸 방법이 완
성됐다 싶을 때 프로그램 전체를 한번 돌려보는 것입

니다. 그렇게 하면 새로운 기능이 반영되지 않았다는 사실을 확인할 수 있고 작업을 모두 마무리하지 않았다는 사실도 알아차릴 수 있습니다.

전자 메일을 쓸 때도 비슷한 실수를 합니다. 고생해서 메일을 편집해 놓고 마지막에 보내기 버튼을 누르지 않는 경우도 간혹 생깁니다. 이러한 일이 발생하지 않도록 하려면 자기 메일 주소를 항상 참조[CC]나 숨은 참조[BCC]에 넣어두고 메일이 왔는지 확인(확인하고 나서 바로 지우면 불필요한 메일이 쌓이는 일은 없습니다)하거나 전송하고 나면 보낸편지함을 열어서 자신이 보낸 메일이 있는지 반드시 확인하도록 합니다. 프로그램도 메일도 항상 하던 방식대로 확인하지 말고 마지막에는 다른 방법으로도 확인해야 합니다.

# 지갑을 정리하는
# 간단한 방법

#지갑 속이 엉망이라 필요한 영수증을
  찾기 힘들다
#지갑에 돈이 없었다

☑ 불필요한 영수증, 다시 갈 일이 없는 멤버십
  카드나 포인트 카드는 받지 않는다
☑ 멤버십 카드나 포인트 카드는 모바일 앱을
  이용한다

지갑이 잡동사니들로 가득 차 있으면 중요한 것을 무심결에 버리거나 경비 정산에 필요한 영수증 등 꼭 필요한 물건을 찾지 못해 당황스러울 때가 있습니다.

우선, 첫 번째로 불필요한 것은 애초에 지갑에 넣지 않도록 합니다. 불필요한 영수증은 받지 말고 자주 가지 않는 가게의 할인 쿠폰이나 멤버십 카드는 받지 않습니다. 그리고 포인트 카드는 모바일 앱을 이용하는 등 지갑을 정리할 필요가 있습니다.

제 경험을 말씀드리면 미국에서는 멤버십 카드 자체를 없애는 서비스도 많습니다. 저는 미국에 가면 반드시 렌터카를 이용하기 때문에 지금도 허츠 렌터카 회원입니다. 차를 빌릴 때는 회원 번호와 이름을 말하면 되기 때문에 실물 멤버십 카드는 없어졌습니다. 일본에서 허츠 렌터카와 제휴를 맺은 도요타 렌터카를 이용할 때는 멤버십 카드가 있어야 할인이 되지만 그럴 때는 홈페이지 멤버십 페이지에서 회원증을 인쇄하면 됩니다.

미국에서는 인터넷으로 예약하면 이미 할인 가격이 적용되고 예약한 차가 공항 주차장에 주차되어 있어서 체크인 절차도 필요 없습니다. 유나이티드항공도 이전에는 번쩍거리는 멤버십 카드를 발급했지만 지금은 실물 카드가 없어졌습니다. 스마트폰으로 로그인한 화면을 보여주기만 하면 됩니다. 앱이나 웹페이지를 구축하기 힘들다면 단순히 번호만 적힌 얇은 멤버십 카드만으로도 충분하니 서비스 사업자는 멤버십 카드에 대해서도 고민해봤으면 합니다.

# 서류는 파일이나
# 봉투에 넣는다

\#고객에게 전달해야 하는 서류가 접혀
　있었다
\#중요한 서류가 구겨져서 제출하기
　민망하다

☑ 서류는 클리어 파일이나 봉투에 넣는다
☑ 서류를 받을 때는 봉투도 함께 요청한다

## 가방 속에 밀어 넣은 서류가 엉망이 되었다

'종이 없는 사회'를 실현하고자 하는 움직임이 확산하고 있지만 우리는 아직 종이라는 정보 매체가 남아있는 시대를 살고 있기 때문에 신경 써야 하는 부분이 있습니다. 예를 들면, 하루에 여러 곳을 방문해서 각각 중요한 서류를 전달해야 할 때도 있습니다. 그런데 나중에 만나는 사람에게 전해야 하는 서류가 나도 모르는 사이에 다른 서류에 눌려 엉망이 된다면 매우 난처할 것입니다. 철저히 준비했다고 생각했는데 먼저 방문한 거래처에서 꽤 부피가 큰 서류를 받아 들고 서둘러 나서다 보면 손에 그냥 들고 갈 수가 없어 억지로 가방에 밀어 넣다가 그런 일이 일어나기도 합니다.

## 중요한 서류는 봉투나 클리어 파일에 넣는다

여러 거래처에 각각 전달해야 하는 서류가 있다면 서류를 따로따로 봉투에 넣어두면 가방을 정리할 때 편합니다. 클리어 파일을 사용해도 좋습니다. 아무리 다른 물건들이 있다고 하더라도 눌리거나 구겨지지 않도록 해야 합니다.

## 서류를 받을 때는 봉투도 함께 요청한다

반대로 중요한 서류를 받았을 때는 어떻게 하면 좋을까요? 준비한 클리어 파일은 이미 상대방에게 자료를 전달할 때 함께 건넸기 때문에 여분이 없을지도 모릅니다. 그럴 때는 주저하지 말고 봉투를 함께 달라고 요청하면 됩니다. 상대방도 자신이 건넨 서류를 소중하게 다룬다고 생각해서 기분 나빠하지는 않을 것입니다.

저는 봉투에 넣은 중요한 서류를 종종 저에게 우편으로 보냅니다. 돈은 약간 들지만 짐도 가벼워지고 가방에 중요한 서류가 들어있다고 스트레스를 받을 일도 없습니다. 일이 끝나면 바로 단골 술집으로 가서 술을 마셔도 되고 헬스장에 가서 운동해도 전혀 문제가 없습니다.

1    THE WALL STREET JOURNAL, Can Handwriting Make
     You Smarter?, 2016.4.4.[http://www.wsj.com/artcles/can-
     handwriting-make-you-smarter-1459784659]

# 메일을
# 실수 없이
# 보내고 싶어요

# 메일은 보는 즉시 처리한다

\# 메일 답장을 깜빡했다!

\# 메일이 너무 많아서 정리가 안 된다

\# 메일에 답장해달라는 말을 들으면?

---

☑ 처리한 메일을 다른 폴더로 옮기면 놓치는 메일이 줄어든다

☑ 보관해야 할 정보가 없는 메일은 지운다

☑ 찾는 메일이 없을 때는 다시 전송받는 것도 방법이다

## 처리한 메일은 바로 다른 폴더로 옮긴다

읽어야 할 메일을 놓치는 실수를 할 때는 처리한 메일을 바로 다른 폴더로 옮기기만 해도 실수를 줄이는 데에 도움이 됩니다. 업무 분야별로 폴더를 나누고, 필요한 대응을 마쳤다면 바로 해당 폴더로 이동시킵니다. 만약 메일 매거진 등을 구독하고 있다면 '나중에 읽기' 등 매거진 전용 폴더로 옮깁니다. 그렇게 하면 받은편지함에는 필연적으로 아직 읽지 않은 메일만 남아있기 때문에 답장해야 하는데 하지 못한 메일을 쉽게 발견할 수 있습니다.

지금은 검색 기능이 상당히 발달했기 때문에 예전에 주고받았던 메일도 바로 찾을 수 있습니다. 그러다 보니 굳이 폴더를 세분화해서 정리할 필요가 있냐고 의아해하는 사람도 있습니다. 그렇지만 검색해야 할 키워드 자체를 잊어버리기도 하기 때문에 나중에 찾는 수고스러움도 생각하면 폴더별로 정리하는 편이 더 효과적입니다.

## 정보가 담겨있지 않은 메일은 지워도 괜찮다!

메일을 주고받는 일이 늘어난 현대 시대에는 정리하는 일만큼이나 필요 없는 메일인지 아닌지를 판단하여 지우는 일도 중요해졌습니다. 예를 들면, 서류를 보낸다는 내용의 메일이라면 그 서류를 무사히 다운로드받고 나면 지워버려도 상관없습니다.

저는 나중에 절대 보지 않을 것이라는 확신이 드는 메일은 삭제합니다. 예를 들면, 다음과 같은 메일입니다.

- 광고, 장난, 상품 판매 등의 스팸 메일(이러한 메일은 당연히 지워야 합니다)
- 지인과 주고받은 메일이지만 특별한 정보가 없는 메일(감사 인사나 확인했다는 내용만 있는 메일)
- 같은 정보가 담긴 메일을 여러 통 받았을 때(참조 리스트에 들어가 있는데 확인차 보내는 똑같은 내용의 메일이나 리마인드 메일 등)

반대로 정보가 담겨있는 메일은 보관하는 편이 좋습니다. 약속 일시, 참가 인원 및 참가 비용 안내, 프로젝트를 시작하게 된 계기나 배경을 설명한 메일(프로젝트가 시작될 때 가장 먼저 오는 메일)입니다.


## 메일을 보냈는데 확인했냐는 연락이 오면?

"○○쯤 메일 보냈는데 확인하셨나요?"라는 연락이 올 때도 있습니다. 이러한 메일을 받으면 답장해야 하는 메일이 있는데 잊고 있었던 것은 아닌지 걱정이 됩니다. 이때는 상대가 말하는 메일이 무엇인지 생각해 봐야 합니다.

언제 받은 메일인지 잘 모르겠다면 정확한 시기를 다시 물어보는 편이 좋습니다. 만약 컴퓨터 앞에 앉아 있다면 그 메일을 찾아 제목이나 내용을 상대에게 언급하며 같은 메일에 대해 이야기하고 있는지 확인할 필요가 있습니다.

만약 외부에 있어서 바로 확인할 수 없다면 저는 만일을 위해 다시 한번 보내달라고 부탁하거나 찾아보고 없으면 다시 연락하겠다고 말합니다. 메일 앞부분만 대충 보고 삭제했을 가능성도 있기 때문입니다.

만약 그 메일이 아무리 찾아도 없어서 다시 한번

보내달라고 하면 상대가 기분 상할지도 모른다고 걱정할 수 있지만 PART 0에서 설명했던 투자 대비 효과의 원리를 생각해야 합니다. 상대가 메일에 대해 이야기하려고 전화했으니 아마 그 메일을 보고 있을 것이고, 금방 재전송할 수 있습니다. 전화가 아니라 메일로 연락이 왔다고 하더라도 그 메일을 생각하며 글을 썼을 테니 내가 찾는 것보다는 빠르게 찾을 수 있습니다. 메일을 찾는 시간이 줄어드는 만큼 상대방도 업무를 빨리 진행할 수 있어서 좋고, 받은 사람이 메일을 찾는 데 드는 수고를 덜 수 있어 서로에게 이익입니다.

반대로 메일을 보냈는데 답장이 오지 않을 경우, 상대가 메일을 찾고 있을 가능성도 있으니 요청하지 않더라도 먼저 메일을 재전송하면 좋습니다.

# 메일 보내기 전 꼭
# 확인해야 할 체크리스트

#메일을 엉뚱한 곳으로 보냈다

#보내고 나서 잘못된 내용을 발견했다

#전송 후에 파일을 첨부하지 않았다는
　사실을 알았다

☑ 받는 사람의 이름을 넣으면 자동으로 메일
　　주소를 입력해주는 기능이 있더라도 이름이
　　같다면 주소를 꼼꼼하게 확인한다

## 자동 변환 때문에 오히려 틀린다

메일 주소 입력란에 '스즈키'라고 치면 자동으로 스즈키 씨의 메일 주소가 입력됩니다. 편리한 기능이지만 오히려 이 기능 때문에 같은 이름을 가진 다른 스즈키 씨의 메일 주소가 들어가 있는데 눈치채지 못하고 메일을 보내는 경우도 있습니다.

이름이 스즈키인 사람이 많이 있으면 여러 개의 메일 주소를 표시해주기 때문에 꼼꼼히 확인해야 합니다. 메일 서비스를 제공하는 사이트에서 받는 사람의 표시 방법을 바꿀 수도 있습니다. 스즈키 씨가 너무 많아서 걱정될 때는 'O사의 X 씨'라고 하거나 이름 없이 메일 주소만 표시하도록 변경하는 것도 좋은 방법입니다.

마지막으로 메일을 보낼 때 점검해야 할 내용을 체크리스트로 만들어두고 확인하면 좋습니다.

□ 이름을 정확하게 적었는가

□ 주소가 정확한가(자동 입력으로 잘못된 주소가 들어
　가 있지는 않은가)

□ 파일을 첨부했는가

□ 첨부 파일에 불필요한 내용이 들어가 있지 않은가
　(계산용 엑셀, 초안으로 작성한 부분 등)

□ (기본 포맷을 수정하여 전송할 때) 상대에 맞게 메시
　지 내용을 수정하였는가

# 외국인과
# 의사소통하려면
# 계정부터 확인한다

\#외국 사람들과 교류할 일이 많다

\#윈도와 맥으로 메일을 주고받았는데
　파일명이 깨져서 보인다

☑ 메일 계정을 등록할 때 이름을 영문으로
　하지 않으면 수상한 메일로 보이기 쉽다

☑ 윈도와 맥으로 메일을 주고받을 가능성이
　있을 때는 파일명은 영문으로 한다

## 의사소통을 원활하게 하기 위해서는?

외국인과 의사소통할 일이 있다면 메일에 등록하는 자신의 이름을 영어(알파벳)로 하는 것이 좋습니다. 그렇지 않으면 상대가 메일을 받았을 때 문자가 깨져서 보일 수 있기 때문에 의미를 알 수 없는 수상한 메일처럼 인식할 수 있습니다.

컴퓨터의 운영체제가 윈도Window(마이크로소프트사의 PC 운영체제-옮긴이)와 맥Mac(애플사의 PC 운영체제-옮긴이)으로 서로 다를 경우, 파일명을 영문으로 하면 압축했을 때 글자가 깨지는 문제가 발생할 여지를 사전에 차단할 수 있습니다.

## 파일명은 영문으로 한다

외국 사람과 메일을 주고받을 일이 많거나 윈도와 맥이 소통해야 한다면 파일명은 영문으로 해야 합니다. 해외로 메일을 보냈을 때 글자가 깨져서 보이면 상대가 내용을 알아볼 수 없고, 윈도와 맥 사이에서는 파일명이 영어가 아니면 글자가 이상하게 표시되는 일이 있습니다.

다만, 파일명을 영문으로 할 때는 공백이 없어야 합니다. 공백 없이 붙여 쓰거나 언더바(_)를 활용합니다. 이것도 문제가 생기는 것을 사전에 막기 위한 방법입니다.

(예)

InvitationFromCustomer.docx(O)

Invitation_From_Customer.docx(O)

Invitation From Customer.docx(X)

# 채팅창마다 배경색을
# 다르게 지정한다

#친구들과의 채팅창에 보내야 할
메시지를 회사 단체창에 보냈다

☑ 그룹별로 배경색이나 글자색을 바꾼다

예전에 부모와 자식 정도로 나이 차가 있는 여성과 식사하다가 셀카를 찍자는 말이 나와 너무나 즐거운 표정으로 사진을 세 장 찍었습니다. 그리고 그 사진을 라인 메신저로 보내주려고 앱을 켰습니다. 그때 마지막으로 보고 있던 그룹 채팅창이 열렸고 한껏 진지한 분위기인 그 채팅창에 여성과 함께 찍은 사진을 잘못 보내버렸습니다.

너무 부끄러워서 지우는 방법이 없나 서툰 손짓으로 열심히 인터페이스를 찾아봤지만 결국 포기할 수밖에 없었습니다. 그 외에도 라인 채팅 화면을 여러 개 켜 두고 대화하다가 다른 채팅창에 전혀 상관없는 메시지를 보냈다는 실수담도 여러 번 들었습니다. 타인의 실수에는 냉정해질 수 있어서 그런지 모르겠지만 그때는 "라인은 인터페이스가 획일적이니까 틀릴 수 있지."라고 차분하게 말했지만 실제로 자기가 겪게 되면 당황할 수밖에 없습니다.

이렇게 채팅창을 착각하는 실수를 줄이려면 그룹별로 배경 디자인을 바꾸면 됩니다. 업무 관련 그룹은 파란색, 친구 그룹은 사진으로 해두면 실수를 줄일 수 있습니다. 조금 더 신경 써서 각 그룹에 맞는 사진을 배경으로 해둘 수도 있습니다. 라인의 경우, PC 버전과 모바일 버전을 따로따로 설정해야 합니다. 페이스북 메신저는 배경이 아니라 테마라고 해서 전체적인 색감을 개별적으로 선택할 수 있습니다. 스마트폰으로 설정하면 컴퓨터와 연동되어 함께 변경됩니다.

# 필요한 메일을 바로
# 찾을 수 있는 메일 정리법

\# 필요한 메일이 보이지 않는다

\# 검색해도 너무 많이 나와서 찾기가
　힘들다

☑ 중요한 메일은 색상으로 구분한다

☑ 전체편지함이나 받은편지함에서 찾지
　 못했을 때는 보낸편지함에서 검색한다

과거와 비교하면 하루에 주고받는 메일 수가 기하급수적으로 늘어났습니다. 10년 전만 해도 모든 메일을 다 저장해도 검색하면 필요한 메일을 금방 찾을 수 있었지만 지금은 힘들어졌습니다. 검색해서 찾으려고 해도 너무 많은 메일이 검색 결과로 나오기 때문에 그 안에서 찾으려면 상당한 시간이 듭니다. 모든 메일을 다 보관하는 방식에서 필요한 메일만 저장하는 방식으로 메일 정리법이 바뀌고 있습니다. 메일도 시대에 맞는 방법으로 정리해야 합니다. 제가 실천하는 방법을 소개하겠습니다.

## 메일 폴더는 프로젝트별로 만든다

'경영 관리 관련', '프로젝트 ○○' 등, 프로젝트별로 폴더를 만들고 처리한 메일은 분류해서 정리하고 있습니다. 하나의 폴더에 서브 폴더가 늘어나 리스트가 한 화면에 들어오지 않게 되면 중간 폴더를 또 만들어서 다시 한번 정리합니다. 컴퓨터 파일도 동일한 방법을 활용합니다. 새해가 되면 새로운 1년을 위한 폴더를 만들고 필요에 따라 지난해와 마찬가지로 계층화해서 사용합니다.

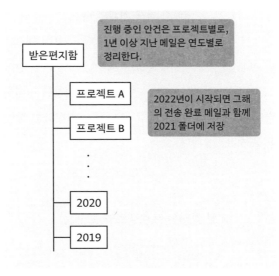

**메일 폴더 계층도**

진행 중인 안건은 프로젝트별로, 1년 이상 지난 메일은 연도별로 정리한다.

받은편지함

프로젝트 A

2022년이 시작되면 그해의 전송 완료 메일과 함께 2021 폴더에 저장

프로젝트 B

2020

2019

다만, 폴더의 계층은 너무 세분화하지 않는 편이 좋습니다. 너무 세세하게 분류하다 보면 중요한 메일이 어디에 들어있는지 알 수 없어서 여기저기 폴더를 뒤져야만 하는 상황이 발생합니다. 결국, 상위 폴더에서 전문 검색full text search을 하고 나서야 발견하는 일도

있습니다.

## 비밀번호, 시간, 금액 등의 정보가 담겨있는
## 중요한 메일은 색상으로 구분한다

저는 최근에 중요한 메일은 다른 색으로 바꿔서 보관하는 정리법을 활용하기 시작했습니다. 메일 서비스마다 다르겠지만 제가 사용하는 메일은 확인 완료 메일, 새 메일뿐만 아니라 제목과 보낸 사람의 글자색을 좋아하는 색으로 바꿀 수 있습니다. 중요한 비밀번호가 적혀 있어서 자주 검색하게 되는 메일 등은 빨간색으로 변경했습니다. 이렇게 하면 'FTP 프로그램 비밀번호가 뭐였지?'라고 초조해하며 검색할 필요가 없습니다. 또, 아웃룩<sup>outlook</sup>에서는 [홈]-[태그]에 있는 [범주]라는 항목에서 설정할 수 있습니다.

다만, 색을 너무 많이 사용하기보다는 두세 가지 정도가 적절합니다. 그 이상 사용하면 어느 색이 무엇을 의미하는지 기억하기 쉽지 않습니다. 모든 것은 나중에 효율적으로 검색하기 위한 정보 정리법입니다.

## 메일 검색이 안 될 때는 '보낸편지함'도 살펴본다

저는 보낸 메일도 연도별로 분류합니다. 상당히 시간이 지난 과거 메일을 찾아야 할 때가 있는데 자신이 받은 메일과 비교하면 보낸 메일은 일부라도 내용을 기억하고 있는 경우가 많습니다. 그리고 전송 상대도 누군지 당연히 알고 있습니다. 그렇게 보낸편지함을 살펴보면서 범위를 조금씩 좁혀가면 필요한 파일을 더 효율적으로 찾을 수 있습니다.

파일을 찾을 때 받은편지함의 해당 프로젝트 폴더 속에서 아무리 검색을 해봐도 찾기 힘들 때가 있습니다. 메일이 한두 개가 아니다 보니 받은편지함과 보낸편지함을 왔다 갔다 하다가 결국에는 메일을 하나하나 다 열어보는 상황이 펼쳐지기도 합니다.

메일은 자신이 효율적으로 정리했다고 하더라도 같은 사람이 비슷한 메일을 여러 번 보내기도 하기 때문에 어떤 메일이 중요한지 알기 어렵습니다. 대부분은 최신 메일의 첨부 파일이나 과거 메일 기록을 보면 원하는 정보를 찾을 수 있지만 완전히 다른 제목의 메일에 최신 파일이 첨부되어 있을 때도 있습니다. 시간이 지나면 잊어버리기 때문에 받았을 때 바로 정리해야 합니다. 저의 메일 정리 방법도 소개하겠습니다.

1) 메일을 열면 답장을 보내고 바로 폴더에 정리하거나 삭제해서 메일을 다시 확인할 필요가 없도록 합니다.

2) 바로 답장할 수 없는 경우는 이미 파일을 열었다고 하더라도 '읽지 않은 상태로 표시'를 선택해 새 메일처럼 보이게 해놓습니다.

3) 받은편지함의 읽지 않은 메일은 20개 이하로 유지되도록 합니다. 메일이 쌓이면 한꺼번에 처리합니다.

# 업무용 메일은
# 따로 관리한다

아이노 겐지

\# 언제 어디에서 받은 메시지인지
  생각나지 않을 때가 있다
\# 상대방의 메시지를 항상 찾고 있다

☑ 업무 관련 연락은 메인 프로그램을 하나
   정해서 사용한다

☑ 메인이 아닌 프로그램으로 온 연락은 업무용
   메일 등으로 보내놓는다

저는 라인과 페이스북 메신저는 개인적인 일에 사용하고 메일은 업무할 때 주로 사용합니다. 그런데 요즘에는 점점 메일 이외의 SNS를 사용해서 연락하는 경우도 많습니다. 저는 일을 할 때 주로 사용하는 메인 프로그램을 하나 정하는 편이 좋다고 생각합니다. 그렇게 하지 않으면 정보가 여기저기 흩어지게 되고, 필요한 정보를 찾아야 할 때 메일로 주고받은 내용인지 라인 메신저였는지 헷갈릴 수 있습니다. 그만큼 찾는 데 시간도 더 많이 듭니다.

이를 해결하기 위해서는 일할 때 주로 사용하는 메인 프로그램을 하나 정해서 사용합니다. 메인 이외의 메신저로 업무상 연락이 온다면 바로 업무용 메신저로 그 정보를 전송합니다. 하지만, 현재로서는 메신저에서 직접 메일로 정보를 보낼 수는 없습니다. 자기 메일 주소에 내용을 복사해서 보내는 방법이 최선입니다. 첨부 파일까지 옮기려면 조금 번거롭기는 합니다.

페이스북 메신저는 스마트폰으로 이용할 때는 메시지 내용을 길게 누르면 밑에 '더 보기'가 나오고 거기서 복사를 누르면 한 번에 복사할 수 있습니다. 라인도 메시지를 길게 누르면 복사할 수 있기 때문에 전송하기 편리합니다.

　사적으로 이용할 때는 매우 편리하고 즐거운 프로그램이라고 하더라도 업무용으로는 부족하다는 사실을 받아들이고 기능이 개선되기 전까지 부족한 부분은 자기가 수작업으로 보완하는 수밖에 없습니다.

PART

# 분명히 제대로
# 전달한 줄
# 알았는데

# 자신의 표현으로
# 반복해서 확인한다

\# 전달 실수

\# 오해가 발생한다

\# 날짜를 잘못 알려준다

---

☑ 숫자, 요일, 날짜에 주의한다

☑ 메일을 보낼 때는 '모레' 등의 표현은 쓰지
   않고 'O일 O요일'과 같이 날짜와 요일을
   적는다

☑ 이해한 내용을 자신의 표현으로 반복해서
   확인한다

☑ 주어를 생략하지 않는다

일본인은 미국인과 비교해서 말수가 적다고 합니다. 이를 몸소 느낄 만한 일이 있었습니다. 저는 가끔 엘리베이터에서 모르는 사람이라도 말을 걸 때가 있습니다. 그날도 젊은 학생에게 무심코 말을 걸었는데 그 학생이 소스라치게 놀라는 것이었습니다. "앗, 깜짝이야." 정도가 아니라 심하게 무서워하는 표정이었습니다. 그때 이후로 저는 아무에게나 함부로 말을 걸지 않습니다.

그런데 말수가 적다는 것은 필요한 정보를 전달할 때 실수가 발생하기 쉽다는 의미이기도 합니다. 중간에 불필요하다고 생각되는 정보를 자체적으로 생략하고 말하다 보면 내용이 불명확해집니다.

예를 들면, 오사카에 사는 남성이 도쿄에 사는 조카의 한 달 후에 있을 결혼식에 초대받았다고 해봅시다. 결혼식에서 입을 정장을 새로 맞추려고 대형 백화점 남성복 코너에서 부인과 함께 멋진 원단을 골랐습니다. 완성된 정장을 받을 날짜를 확인하면서 다음과 같은 대화를 나누었습니다.

남성: "4일이면 되죠?"
점원: "4일이요. 네, 알겠습니다."

이 대화 속에서 문제점을 발견했나요?

주문하는 날이 2일 월요일이라고 하면 이 대화만 봤을 때 남성이 4일 수요일에 옷을 받고 싶다는 의미인지 4일 후에 완성된 옷을 받고 싶다는 의미인지 알 수 없습니다. 그렇기 때문에 점원은 "4일 후인 6일 금요일에 오신다는 말씀이시죠?"와 같이 명확하게 확인해야 합니다. 만약 서로 생각하는 날짜가 다르다면 "아니, 4일이요. 그러니까 이틀 후인 수요일에 받고 싶어요."라고 정정할 수 있습니다. 메일을 보낼 때도 '모레까지'라고 적으면 상대가 메일을 확인한 날을 기준으로 '모레'라고 생각할 것이기 때문에 정확한 날짜를 적는 편이 좋습니다.

## 같은 말로 똑같이 따라 한다고 실수가 줄지 않는다

옛날 전쟁 영화를 보면 "복창합니다!"라고 호령하는 장면이 있는데 같은 말을 똑같이 따라 한다고 해서 소통 실수를 줄이는 효과는 크지 않습니다. 상대방의 의도를 확인하려면 같은 의미의 다른 표현을 쓰는 편이 더 확실합니다.

예를 들어, 14시부터 회의를 시작한다는 말을 들었을 때 "14시부터 회의를 시작하는군요."라고 똑같은 표현으로 확인하는 것이 아니라 자신이 어떤 역할을 해야 하는지 생각해보고 "그렇다면 회의 준비를 해야 하니까 13시 50분에는 가는 게 좋겠네요."라고 답을 하는 것입니다. 의사록을 작성하라는 지시를 받았을 때는 구체적으로 해야 할 일을 언급하며 "주제와 의제, 최종 의사 결정까지의 과정을 기록하면 되나요?"라고 확인을 한다면 지시를 한 사람도 안심할 수 있고 커뮤니케이션 실수도 발생하지 않습니다.

상대의 말을 똑같이 따라 하는 것은 그 말의 의미를 이해할 필요가 없을 때는 의미가 있습니다. 자신이 한 말을 똑같이 따라 하면서 확인하면 같은 의미로 이해했다고 착각할 수 있습니다. 하지만 같은 말이라도 사람마다 다르게 받아들일 수 있습니다. 오해를 불러일으키지 않으려면 확인할 때는 상대가 한 말과는 다른 표현을 사용하는 편이 좋습니다.

## 주어는 정확하게 전달한다

말이 적다는 것이 일본어 회화의 특징입니다. 주어를 생략하고 말할 때도 많습니다. "지각을 너무 많이 하네. 조심 좀 하라고 해."라고 말하면 "누구한테?"라고 되물을 수밖에 없습니다. 육하원칙$^{5W1H}$이라는 말도 있는 만큼, 주어는 생략하지 않도록 합시다.

# 이미 알 것이라고
# 넘겨짚지 않는다

\# 어설프게 알고 있는 상태로 일을
　처리한다
\# 생각했던 것과 다른 경우가 많다

☑ 잘 안다는 착각은 암묵 기억이 원인이다

☑ 상대방에게 그 일의 배경과 내용을 다시
　확인하고 정확하게 이해한다

☑ 뇌의 주의력은 자기 자신에게 집중되기
　마련이다. 의식적으로 주의력이 외부로
　향하도록 한다

"네? 그거 말했잖아요."

"무슨, 그런 말 못 들었어요!"

"그런 뜻으로 한 말이 아니에요!"

"그런데 보통은 다 그렇게 생각하죠."

의사소통하다 보면 이렇게 서로 다르게 이해하거나 오해하는 일이 자주 발생합니다. 의사소통에는 항상 오해가 발생할 수 있다는 사실을 기억해야 합니다.

## '암묵 기억'이 오해의 원인이다

'커뮤니케이션'이라는 말을 예로 들어봅시다. 이 단어를 보면 무엇이 떠오르나요? 얼마 전에 '말했다, 말하지 않았다'를 둘러싸고 언쟁을 벌였던 고객과의 대화가 떠오르나요? 아니면 상사와의 일대일 면담이나 집에서 배우자와 나누었던 이야기가 떠오르나요?

우리는 다른 사람의 이야기를 듣거나 무언가를 읽을 때 은연중에 자신의 기억 속에 있는 지식이나 경험을 *끄집어내고 그것을* 바탕으로 이해합니다. 이렇게 스스로 의식하지는 않지만 자연스레 떠오르는 기억을 암묵 기억이라고 합니다.

암묵 기억 덕분에 모든 일을 하나하나 힘들게 기억해내려 하지 않아도 말을 이해할 수 있는 것입니다. "그것 좀 해봐.", "아, 그거요? 알겠습니다."와 같이 환상의 호흡이라고 해도 될 만큼 구체적인 언급을 하지 않아도 대화가 통하기도 합니다. 하지만, 동시에 이것이 오해를 낳는 원인입니다.

잘 생각해보면 너무나 당연한 일이지만 같은 말이라도 그 말을 통해 떠올리는 지식이나 경험은 모든 사람이 다 같지 않습니다. 이이노 씨가 앞서 말했던 "4일이면 되지?"의 '4일'이라는 말처럼 서로 다른 의미로 해석할 여지가 있습니다. 커뮤니케이션은 항상 오해가 발생할 위험성이 있다는 점을 기억해야 합니다.


## 왜 제대로 확인하지 않고 대충 넘겨짚다가 실수를 할까?

같은 팀 과장이 "그때 그 건, 내일 팀 회의에서 설명 좀 해줄래?"라고 말해서 '얼마 전에 아이디어를 제안했더니 부장님께 보고하라던 그 프로젝트 말씀이

시구나.'라고 생각해 프로젝트의 개요를 정리한 자료를 몇 시간에 걸쳐 준비했습니다.

그리고 회의에서 발표하려고 했더니 과장님이 "무슨 얘기야? 미팅에서 공유했던 다음 분기 목표 말한 건데……." 이런 상황을 경험한 적 없나요? 이것도 '암묵 기억' 때문에 일어나는 일입니다.

상대방의 말을 듣고 '아, 그 말을 하는 거구나.'라고 자신의 기억 속에 있는 경험이나 지식에 주의력이 집중되면서 상대방이나 상대방의 이야기에는 신경을 쓰지 않게 됩니다. 방금 예로 든 상황에서 설명해달라는 상사의 말을 듣고 '어떤 자료를 만들까?', '어떻게 설명하면 기획이 통과될까?'와 같이 상사의 의도와는 다른 방향으로 의식이 흘러간 것입니다. 상대방의 이야기를 듣고 있는 듯했지만 결국에는 자기 자신에게 집중하는 상태였다고 할 수 있습니다. 이러한 상황을 막기 위해서는 자기도 모르는 사이에 암묵 기억에 이끌려 내부로 향하기 쉬운 주의력을 상대방의 이야기를 듣는 데 사용해야 합니다.

이때 중요한 것이 질문입니다. 상대가 이야기하는 말을 자기 마음대로 해석하지 말고 "○○는 정확히 무엇을 말하는 건가요?", "지금 한 이야기에는 어떤 배경이 있는 걸까요?"와 같이 상대의 말에 집중하고 이야기의 진짜 의미를 생각하며 구체적인 질문을 통해 내용을 확인해야 합니다.

"저는 지금 이렇게 생각했는데 맞나요?"
"이러한 일을 하면 되는 거지요?"
"이런 이유로 그렇게 말씀하시는 건가요?"
"이런 상황이라서 이렇게 되는 거군요."

모두 다 하나하나 확인할 필요는 없지만 커뮤니케이션할 때는 오해가 생길 수 있다는 사실, 주의력은 내부로 향하는 경향이 있다는 사실을 항상 염두에 두고 상대방에게 더 집중해서 질문하고 정확한 내용을 확인해야 합니다.

# 제대로 들었는지
# 확인하는 3가지 방법

\#상대가 내 말을 듣지 않는다
\#생각한 대로 움직여주지 않는다
\#말을 하는데도 멍하니 그냥 있다
\#나도 모르게 내 얘기만 한다

☑ 상대방의 머릿속을 상상하며 이야기한다

☑ 상대가 이야기를 잘 이해하지 못하는 것
   같다면 반복해서 말하기, 요약하기, 예시
   제시하기 등의 방법을 사용한다

## '전달한다=전달된다'는 아니다

우리는 자기가 하는 말이 상대방에게 그대로 흡수된다고 생각합니다. '전달한다=전달된다'라고 생각하기 쉽지만 알다시피 서로의 기억 속에 있는 지식이나 경험이 다르기 때문에 같은 말을 들어도 떠오르는 기억은 다 다릅니다. 전달하려는 정보가 상대에게 그대로 전달되는 일은 보통 있을 수 없습니다.

말을 하다 보면 나도 모르는 사이에 자기 자신에게 주의력을 더 쓰게 됩니다. 예를 들어, "자기 이야기에 심취해 있다."라고 할 때는 자기 자신에게 주의력을 다 사용하고 있는 상태라고 할 수 있습니다. 오늘은 부하 직원, 고객, 아이들의 이야기를 경청하겠다고 마음먹고 대화를 시작했는데 나중에 돌아보면 또 결국 자기 이야기만 잔뜩 하는 경우도 있지 않나요?

이렇게 되지 않으려면 자기 자신에게만 주의력이 집중되어 있지는 않은지 확인하고 상대방에게도 신경 써야 합니다. 상대가 자신의 이야기를 어느 정도 받아들이고 있는지를 살피고 실제로 질문을 통해 확인하면서 이야기를 전달해야 오해가 생기지 않습니다.

## 상대방의 머릿속이 이미
## 포화상태는 아닌지 확인한다

나의 주의력뿐만 아니라 상대방의 주의력이 어떤지도 신경 쓴다면 커뮤니케이션할 때 발생하는 실수를 줄일 수 있습니다. PART 0에서도 말했지만 우리는 주의력을 사용해 다른 사람에게 들은 이야기나 글의 내용을 일시적으로 기억함으로써 말과 말, 문장과 문장을 연결해서 이해합니다. 작업 기억이라고 하는 뇌의 기능입니다.

실제로 우리는 이야기할 때 자신이 생각하는 것 이상으로 듣는 사람의 주의력을 빼앗고 작업 기억을 압박하기도 합니다. 인지과학에서는 이를 지식의 저주 Curse of Knowledge라고 부릅니다. 우리는 한 번 지식을 습득하면 그 지식을 몰랐던 상태를 상상하기 힘들어지고, 자신이 알고 있는 지식을 상대도 당연히 알고 있을 것이라고 착각합니다.

전달하는 쪽은 상대가 알지 못하는 말이나 모르는 분야의 이야기가 많지는 않은지, 그래서 그것을 이해하는 데 주의력을 지나치게 많이 사용해 작업 기억이 꽉 찬 상태이지는 않은지, 새로운 이야기를 들을 여유가 있는지에 대해서도 신경 써야 합니다. 만약 필요하다면 다음과 같은 방법을 적절하게 활용해 상대가 주의력을 지나치게 사용하지 않도록 해주어야 합니다.

1) 지금까지 했던 이야기를 반복한다.
2) 요약한다.
3) 상대가 잘 기억할 수 있도록 구체적인 예를 들어 설명한다.

물론, 자신이 듣는 입장일 때도 잘 모르는 말이나 내용이 많아서 그곳에 모든 주의력을 쏟아붓고 있지는 않은지, 작업 기억에 과부하가 걸리지는 않았는지 스스로 점검해야 합니다. 만약 그렇다면 자기가 먼저 지금까지 했던 이야기를 다시 확인하거나 자신이 이해한 내용이 맞는지 질문하면 됩니다.

# 물어보기 애매할수록
# 바로 묻는다

\# "내가 들은 것이랑 다른데?"라는 말을
　종종 듣는다

\# 되묻기 힘든 내용은 어떻게 확인할까?

☑ 신경 쓰이는 일, 질문하기 어려운
　내용일수록 빨리 물어봐야 한다

☑ 상대를 배려하는 마음으로 질문한다면 조금
　곤란한 질문이라도 상대는 의외로 거리낌
　없이 대답해준다

## 물어보기 힘든 것일수록 물어봐야 한다

서로 정확하게 이해하지 못한 채로 지내다 보면 장기적으로는 큰 문제가 발생할 가능성이 높습니다. 영업을 예로 들어보겠습니다. 영업 활동을 할 때는 고객에게 거절당하지 않도록, 비즈니스 협상이 결렬되지 않도록 불편한 이야기는 흐지부지 넘기는 경우가 많습니다. 고객 입장에서도 신경은 쓰이지만 확인하기도 애매해서 주저할 때도 있습니다.

하지만 언젠가는 명확하게 확인해야 하는 부분이고 애매한 채로 그냥 넘어가면 대부분의 경우, 나중에 일이 더 꼬여서 수습이 힘들거나 불필요한 비용이 들게 됩니다. 불씨를 초반에 잡기 위해서라도 물어보기 힘든 내용일수록 먼저 확인해야 합니다. 말을 하지 않고 있다가 나중에 무슨 일이 생기면 고객과의 신뢰 관계가 무너질 수 있지만, 처음부터 고객에게 불리한 내용을 솔직히 말하면 오히려 더 신뢰를 얻을 가능성도 있습니다.

## 그래도 물어보기 힘들다면?

이렇게 말해도 '그래도 질문하기 쉽지 않아……', '답을 안 해주면 어떡하지?'라는 생각을 하며 결국 고객에게 직접 확인하지 못하는 사람도 있습니다. 저는 영업 담당자 연수 업무도 하고 있는데 그중에는 고객을 대하는 것이 너무 어려워서 고객의 요구 사항 중에 이해가 안 가는 부분이 있어도 확인하지 못하는 사람도 보았습니다.

언뜻 보면 고객을 배려하며 상대방에게 신경을 집중하고 있는 것처럼 보이지만 사실은 자기 자신에게 모든 주의력이 집중된 상태입니다. '사람들이 나를 어떻게 생각할까?', '실수하면 어쩌지?' 등 자기 자신에게 신경이 쏠려있는 것입니다.

이렇게 자기 자신에게 주의력이 집중되어 있으면 상대를 제대로 파악하지 못해 실수가 발생합니다. 자기 마음대로 상상하고 해석해서 제안하면 고객 입장에서는 좋은 제안이 아닐 수도 있습니다. 최악의 경우, 고객의 의도와는 정반대의 제안을 해서 신뢰 관계가 무너질지도 모릅니다.

이러한 실수를 하지 않으려면 상대방에게 주의력

을 집중할 것, 그리고 질문을 통해 확인하는 것 외에는 없습니다. 상대에게 집중해서 질문을 던지면 생각보다 훨씬 더 솔직한 답변이 돌아오기도 합니다. 실제로 연수가 끝난 후 긍정적인 피드백을 받는 경우도 종종 있었습니다.

"엄청나게 걱정하며 조심스레 물어봤더니 의외로 흔쾌히 답변해주었습니다."

"과묵한 사람이라고 생각했는데 의외로 여러 가지 이야기를 해주었습니다."

나도 모르는 사이에 자기 자신에게 주의력이 향하기 쉬운데 그 사실을 인지하고 상대방에게 더 집중해봅시다.

### 나의 주의력은 어디를 향하고 있을까?

지금까지 내용에서 알 수 있듯이 커뮤니케이션은 항상 오해를 품고 있습니다. 실제로 우리가 그 사실을 인지하고 활용하기도 합니다. 상대방이 오해한다는 사실을 알면서도 굳이 명확하게 정리하지 않고 서로 자신이 편한 대로 해석해 어떻게든 그 자리를 벗어납니다. 다들 이런 상황을 분명 경험했으리라고 생각합니다.

정확하게 따지다가 상대를 화나게 하거나 사태를 악화시켜 예기치 못한 상황을 초래한다면 이 또한 실수입니다. 사실 이러한 상황도 상대의 감정이나 현재에 집중하지 못해서 발생하는 일입니다. 자기 생각이나 의견에만 신경 쓰다 보니 상대나 상황에 주의력을 충분히 사용하지 못하는 것입니다. 물론, 다시 상대방이나 상황에 집중하면 상대의 작은 반응도 빠르게 알아차릴 수 있기 때문에 중간에 수정할 수 있습니다. 자신의 주의력이 어디에 집중되어 있는지 판단해야 합니다. 실수를 하는 것도 실수를 줄이는 것도 얼마나 집중하고 주의력을 쓰느냐에 따라 달라집니다.

인간은 아무래도 눈앞의 상황에 더 신경을 쓰기 때문에 장기적인 관점에서 주의력을 사용하는 일은 쉽지 않습니다. 특히, 주의력이 부족하면 여유가 없어져 멀리 내다보지 못하고 눈앞에서 지금 일어나는 상황만 생각합니다. 이렇게 되지 않으려면 불필요한 일에 주의력을 낭비하지 않아야 합니다.

# 상대방의 가치관을 존중한다

\# 언쟁을 벌였다

\# 절대 맞지 않는 사람이 있다

\# 이제 더는 같이 일할 수 없다

☑ 서로 중요하게 생각하는 가치관은 당연히
  사람마다 다르다

☑ '사건'뿐만 아니라 '사람'도 신경 쓴다

## 중요한 것은 눈에 보이지 않는 '가치관'이다

이혼 사유로 '부부간의 가치관 차이'라는 말이 자주 등장합니다. 유전자도 다르고 자라온 환경도 다른 두 사람의 가치관이 같을 수 없습니다. 가치관은 그 사람의 행동이나 판단의 토대가 되는 중요한 것인데 눈에는 보이지 않다 보니 차이를 인지하기가 쉽지 않습니다.

부부나 파트너뿐만 아니라 비즈니스에서도 조직에서도 가치관의 차이를 인식하지 못해 생기는 실수가 인간관계를 악화시키고 심각한 문제를 초래하기도 합니다. 가치관은 표면적으로 드러나지 않기 때문에 오히려 더 의식해서 주의를 기울여야 합니다.

파트너든 상사든 부하든 고객이든, 자신과 의견이나 행동이 다를 때 '내가 맞고 상대가 틀리다.'라고 생각해 상대의 평가나 판단, 분노와 같은 감정에 주의력이 집중되기 쉽습니다. 그렇게 하면 상대방의 가치관을 파악할 수 없습니다. 불편함이나 분노 등이 느껴질 때야말로 상대를 파악할 기회라 생각하고 '왜 이 사람은 이러한 의견을 주장하는 것일까?', '왜 이런 행동을 한 거지?'라며 상대의 가치관에도 주의력을 써야 합니다.

저는 이럴 때 '사건'이 아니라 '사람'에게도 주의를 기울여야 한다고 표현합니다. 이야기할 때 상대방이 말하고 있는 '사건'에 집중할지 일하는 상대인 '사람'에 집중할지에 따라 이야기의 방향이 크게 달라집니다. 물론 둘 다 중요하지만 자신의 주의력이 어디를 향해있는지 자각하고 유연하게 주의력을 사용한다면 실수를 막을 수 있습니다.

## 질문이 주의력의 방향을 결정한다

지금까지 커뮤니케이션 실수를 줄이기 위해 주의력을 어디에 쏟아야 하는지 이야기했습니다. 자신이 아니라 상대에게 주의력을 집중하고 있는지, '사건(행동, 의견, 결과 등)'뿐만 아니라 '사람(가치관, 감정 등)'에 주의력을 쓰고 있는지, 주의력이 어디를 향하고 있는지를 자각하고 유연하게 바꿀 수 있어야 합니다.

그 주의력의 방향을 구체적으로 보여주고 통제하는 것이 질문입니다. 어떤 질문을 던지느냐에 따라 상대방의 주의력이 어디로 향할지 결정됩니다.

"지금까지 한 실수 중에 최악의 실수는 무엇입니까?"

"실수를 없앨 수 있다면 당신은 어떻게 될까요?"

이러한 질문을 받으면 정도의 차이는 있겠지만 보통은 질문에 집중합니다. 어떤 질문을 던지느냐에 따라 상대방의 주의력 방향이 결정되고 커뮤니케이션의 방향성도 정해집니다. 자기 자신이나 상대에게 던지는 질문을 활용하면서 주의력을 통제하고 실수를 없앨 수 있도록 해봅시다.

# 실수하기 쉬운
# 상황을 만들지
# 않으려면

# 해야 할 일을 구체적으로 정리한다

\#한 번에 많은 일을 의뢰받으면 실수하기
쉽다

\#업무량이 많아서 집중력을 유지하기
어렵다

☑ 일이 많을 때는 해야 할 일을 구체적으로
정리해 본다

☑ 다른 사람에게 이야기한다

## 일이 많을 때는 해야 할 일을
## 구체적으로 정리해 본다

당연한 말이지만 동시에 많은 일을 하려고 하면 그만큼 주의력이 분산되어 금방 한계에 다다르기 때문에 실수가 발생하기 쉽습니다. 그렇지만, 바쁜 시기에 동시에 여러 가지 업무를 해야 하는 상황은 피할 수 없습니다. 이럴 때 실수하지 않으려면 어떻게 해야 할까요?

PART 0에서도 설명했지만 주의력을 낭비하지 말아야 합니다. 사실 '할 일이 너무 많아. 큰일 났네!'라고 생각하는 순간에도 주의력은 낭비되고 있습니다. 안 그래도 실수가 발생하기 쉬운 환경인데 상황을 더 악화시키고 있는 것입니다.

저는 정기적으로 일대일 면담을 하면서 목표를 수월하게 달성할 수 있도록 도와주는 일을 하고 있습니다. 어떨 때는 지금 일이 너무 많아서 힘들다는 말로 면담이 시작되기도 합니다. 그럴 때 저는 우선 "일이 많다고 했는데 구체적으로 어떤 일인가요?"라고 자세히 물어봅니다. 그리고 "예를 들어서……." 하고 말을 꺼내면 "그 외에 또 뭐가 있나요?"라고 질문을 던지면서 많은 일이 구체적으로 무엇인지를 꺼내보라고 합니다.

그렇게 하면 대부분의 경우 "일이 많다고 생각했는데 이렇게 이야기해 보니 꼭 그렇지도 않네요."라든지 "지금 꼭 해야 하는 일은 ○○랑 □□밖에 없네요."와 같이 주의력을 반드시 써야 하는 일을 찾을 수 있어 심리적으로도 여유가 생깁니다.

## 이것저것 다 하려고 하다 보면
## 머릿속의 여유가 사라진다

여기 중요한 포인트는 '다른 사람에게 이야기하는 것'과 '해야 할 많은 일이 무엇인지 구체화하는 것'입니다. 머릿속에서 '오늘까지 ○○도 해야 하고 □□도 해야 하는데……'하고 고민하다 보면 동시에 여러 가지 일들에 주의력을 빼앗겨 여유가 사라집니다. '이렇게 일이 많은데, 어떡하지?'하는 불안을 느끼게 되고 그 불안감에 또다시 주의력을 빼앗기게 됩니다. 면담을 하면서 할 일을 말로 표현하다 보면 어느 정도 정리가 되면서 그 일에 주의력을 사용하지 않게 되어 여유가 생깁니다. 그리고 많은 일을 구체적으로 적다 보면 생각보다 적다고 느끼기도 합니다.

주의력의 용량에는 한계가 있습니다. 그래서 할 일이 많다는 사실이 머릿속에 각인되면 해야 할 일들이 계속해서 떠올라 온 신경이 그곳에 집중됩니다. 컴퓨터를 사용할 때 동시에 여러 프로그램을 작동시키면 메모리 용량이 꽉 차서 동작이 느려지고 나중에는 멈추게 되는 것과 같은 원리입니다.

이야기를 들어줄 사람이 없다면 종이에 적거나 컴퓨터 문서로 작성해 봅니다. 깔끔하게 정리하지 않아도 괜찮으니 일단 다 적어보는 것입니다. 머릿속에서 떠다니던 생각들을 꺼내보면 그곳에 집중되어 있던 주의력을 아낄 수 있습니다. 이렇게 주의력에 여유가 생긴 상태에서 찬찬히 살펴보면 당황하지 않고 냉정하게 대처할 수 있는 일이 대부분입니다. 일이 아무리 많아도 결국에는 한 번에 하나씩 해결해 나가야 하기 때문입니다.

## 사용하는 커뮤니케이션 툴은 최소한으로 줄인다

지금은 전화나 메일뿐만 아니라 다양한 커뮤니케이션 툴이 있습니다. 전화로 일을 의뢰받고 그 일을 하려고 하면 갑자기 급한 안건의 메일이 오고 또 이어서 라인이나 페이스북 메신저, 슬랙(기업용 메시지 플랫폼-옮긴이)에서도 질문이 쇄도합니다. 게다가 뒤에서 상사가 말을 걸 때도 있습니다. 일이 많지 않더라도 이런 식으로 많은 정보가 동시에 들어오면 그것만으로도 주의력이 한계에 달합니다. 이럴 때도 하나하나 종이에 적어보거나 컴퓨터나 스마트폰에 메모하면서 우선순위를 하나씩 정해야 합니다. 절대로 머릿속에서 처리하려고 해서는 안 됩니다.

인간의 주의력에는 한계가 있다는 사실을 자각하고 주의력이 모두 소진되었다고 느낀다면 머릿속에 떠다니는 생각을 밖으로 꺼내야 합니다. 그렇게 하면 주의력에 여유가 생기기 때문에 생각할 여력이 생깁니다. 머릿속이 꽉 차서 혼란스러운 것도 주의력이 부족해서 생기는 문제이니 일단은 주의력을 낭비하지 않도록 해야 합니다.

커뮤니케이션은 혼자서 하는 것이 아니기 때문에

어떤 미디어 플랫폼이나 툴을 사용할지도 혼자서 결정할 수 없습니다. 하지만 여러 가지를 다 신경 쓰다 보면 주의력이 낭비될 수밖에 없으니 사용하는 툴은 최소한으로 줄여 실수하지 않는 환경을 만들어야 합니다.

# 긴장하고 있다는 사실을 인지한다

\# 중요한 일이나 프레젠테이션을 할 때 꼭
   실수한다

\# 시험 때 긴장되면 어떻게 해야 할까?

☑ 불안감이 모든 주의력을 빼앗는다

☑ 불안감을 이야기하거나 글로 쓴다

☑ 불안한 마음을 한마디로 정리해 본다

## 불안이 꼬리에 꼬리를 물고 커지면서
## 주의력을 빼앗는다

긴장한 상태에서는 평소 실력을 발휘하지 못하고 실수도 더 많이 하게 됩니다. 아마도 이 말에는 많은 사람이 공감하리라 생각합니다. 시험지를 펼쳤는데 모르는 문제가 눈에 들어오면 불안해지면서 갑자기 심장이 쿵쾅거리기 시작합니다. 이것만으로도 주의력을 빼앗깁니다. 그리고 불안감은 점점 커집니다.

'이 시험 떨어지면 유급이야.'
'또 모르는 문제가 나오면 어쩌지.'
'다들 열심히 푸는데 나만 못하고 있네.'

당황하고 걱정하면 할수록 초조함과 불안감에 주의력을 빼앗기게 됩니다. 그 결과, 평소처럼 냉정하게 생각할 수 없게 되고 문제의 답이 더 안 보이는 악순환에 빠지게 됩니다. 시험이 아니라면 긴장감과 불안감을 다른 사람에게 이야기하며 풀 수도 있지만 시험에서는 불가능합니다.

물론 초조함과 불안한 마음을 글로 적어볼 수는

있겠지만 제한 시간이 있는 시험 시간에 한가롭게 그러기는 쉽지 않습니다. 이럴 때 커지는 초조함과 불안감의 연결고리를 끊을 수 있는 한마디가 있습니다. 바로 "나는 지금 초조해하고 있다."라는 말입니다.

## '메타인지'를 이용해서 주의력을 하나로 모은다

이 한마디로 여기저기에 흩어져 있던 주의력을 한곳으로 집중시킬 수 있어서 초조함과 불안한 마음이 사라집니다. 이러한 방법은 객관적으로 자신을 인식하는 '메타인지'를 이용한 것으로 분노를 조절하는 '분노관리anger management'에도 활용되고 있습니다.

예를 들면, 분노를 억제하고 싶을 때 분노라는 감정에만 의존하면 감정이 연쇄 반응을 일으키고 그것에 주의력을 빼앗기게 됩니다. 화를 내는 자신을 객관적으로 들여다보고 지금 자신이 느끼는 분노와 거리를 두면 감정에 잠식당하는 일도 없습니다. 분노라는 감정 하나하나에 주의력을 쓰지 말고 '화내고 있는 자신'에게 주의력을 집중시키는 것입니다. 그렇게 하면 주의력 낭비를 막을 수 있고 실수도 줄어듭니다.

당황하거나 긴장했을 때도 자신이 긴장하고 있다는 사실을 객관적으로 인지(메타인지)하면 초조함과 불안감이 꼬리에 꼬리를 물고 커지는 상황을 막을 수 있고 주의력도 낭비되지 않습니다. 그 외에도 "지금 긴장도가 50% 정도다."라고 수치화하는 것도 효과적입니다.

왜 초조하고 긴장이 되는지 하나하나 생각하며 주의력을 사용하지 않고 그 수치에만 신경 쓰면 되기 때문입니다. 불안이나 긴장감을 억제하려는 노력은 효과가 없습니다. 오히려 그것을 받아들이고 불안과 긴장을 현명하게 조절해야 합니다.

# 왜 익숙해질 무렵
# 실수가 생길까

\# 처음 하는 일을 실수 없이 해내려면?

\# 초보자에게 주의를 환기하기 위해서는?

\# 익숙해지면 실수가 나오기 쉽다

☑ "지금 뭐 하는 거야?"라고 주의를 주면
   역효과가 난다

☑ 중요한 자리에서 당황하지 않도록 필요한
   정보는 미리 숙지한다

☑ 익숙해지면 돌발 상황인데도 여느 때와
   다름없는 상황이라고 인지해버린다

## 중요한 자리에서 당황하지 않도록 미리 준비하자

　신입이나 초보자는 맡은 업무가 아직 익숙하지 않다 보니 경험이 많은 사람과 비교하면 작업 기억에 여유가 많지 않습니다. 자동차 운전을 시작한 지 얼마 되지 않았을 때를 생각해 보세요. 자동차 운전을 할 때 주의력이 부족하면 몸이 경직되고 자동차가 매끄럽게 나가지 않기 때문에 긴장했다는 사실을 알 수 있지만 업무를 할 때는 겉으로 잘 드러나지 않습니다.

　경력자들은 당연히 알고 있는 전문 용어도 신입 사원에게는 새로운 말이다 보니 회의에서 그 말이 튀어나오면 주의력을 많이 빼앗기게 됩니다. 그만큼 고객의 표정 등에 신경 쓸 여유가 없어집니다. 고객의 표정이 어두워졌는데도 그 사실을 눈치채지 못하고 이야기를 이어가는 일도 생길 수 있습니다.

　그런 모습을 보고 선배는 '지금 뭐 하는 거야?'라고 생각하기 쉽지만 본인은 열심히 최선을 다해 고객을 살피고 있는데도 주의력을 다른 곳에 빼앗기다 보니 이러한 상황이 만들어지는 것입니다. 하지만 겉으로 드러나지 않기 때문에 선배나 상사는 신입 사원이 지금 그런 상태라는 사실을 인지하지 못합니다.

선배나 상사는 신입 사원이 이런 식으로 다른 곳에 주의력을 빼앗길 수 있다는 사실을 염두에 두고 있지 않으면 이런 상황이 닥쳤을 때 "지금 뭐 하는 거야?", "집중 좀 해!"라고 적절하지 않은 지적을 하게 되고 신입 사원은 오히려 그 말에 주의력을 빼앗겨 더 큰 실수를 저지를 위험성이 있습니다.

물론 신입 사원들도 이러한 상황을 빨리 극복하려고 노력해야 합니다. 다만, '내가 조금 더 신경 써야겠다.'라는 생각만으로는 실수가 사라지지 않습니다. 중요한 것은 '주의력을 낭비하지 않는 것'입니다.

예를 들면, 중요한 회의나 미팅 자리에서 나오리라 예상되는 기초 지식이나 용어, 상황에 따라서는 상대의 프로필 등을 미리 숙지해서 실제 미팅에서는 이러한 것들에 주의력을 빼앗기지 않도록 준비해야 합니다. 스포츠 선수들이 훈련 시간에 기본기와 필요한 기술을 철저히 익히고 실제 시합에서는 그러한 기술이나 기본기가 무의식중에 나오도록 하는 것과 마찬가지입니다. 이렇게 미리 철저하게 준비하면 주의력에도 여유가 생겨 어떤 상황에도 능숙하게 대처할 수 있습니다.

## 지나치게 세세한 지적은 주의력을 빼앗는다

　도움이 되고 싶어서 하는 조언이라도 주의력 관점에서 생각하면 조심해야 합니다. 상대방에게 질문을 던지면서 스스로 깨닫도록 유도하는 코칭 방법이 있습니다. 이러한 방법은 원래 스포츠 분야에서 시작된 것으로 테니스 코치인 티머시 골웨이[W.Timothy Gallwey]가 주창한 이너게임[inner game]이 시초입니다.

　티머시 골웨이는 테니스를 가르칠 때 "팔꿈치 더 들고!" 등 기술적인 조언을 하면 할수록 선수들의 움직임이 더 안 좋아진다는 사실을 알게 되었습니다. 그래서 그러한 조언을 하지 않고 "공의 실밥을 보세요!"라든가 "공이 바닥에 떨어지면 동시에 '바운스'라고 말하세요."와 같이 공에 주의력이 집중되도록 지도 방법을 바꾸었습니다. 그러자 그때까지 기술적인 조언을 해도 나아지지 않던 선수들의 실력이 눈에 띄게 좋아졌습니다.

　지금까지는 다양한 조언을 듣고 각각의 조언에 주의력이 분산되었는데 공 하나에만 주의력을 쓰면서 집중력이 높아진 것입니다. 그러다 보니 결과적으로 실력이 늘었다고 생각할 수 있습니다.

이렇게 가르치는 쪽도 배우는 사람의 주의력이 낭비되지 않고 집중해야 하는 대상에만 주의력을 쓸 수 있도록 도와주어야 합니다. 우선 주의력을 써야 하는 곳을 정하고 조언을 최소화하는 것이 중요합니다.

## 업무에 익숙해질 무렵에 실수를 더 조심해야 한다!

이렇게 신입일 때는 주의력이 부족해지는 상황을 자주 맞닥뜨리게 되고 실수도 많이 합니다. 하지만 신입일 때는 스스로 실수가 나올 수 있다는 사실을 의식하고 있고, 주변에서도 이런 상황을 예상하고 실수를 빠르게 수습해주기 때문에 큰 사고로 이어지지는 않습니다. 사실 실수하지 않게 조심해야 하는 시기는 오히려 업무에 익숙해지고 갓 초보를 탈출했을 때입니다.

PART 0에서 인간은 "보고 있는 듯하지만 실제로는 보고 있지 않다."라는 말을 했는데 '보이는데도 보지 못하는' 상황도 자주 발생합니다. 뇌는 편하고 효율적으로 움직이기 때문에 이미 가지고 있는 지식이나 지금까지의 경험을 최대한 활용해 불필요하다고 생각되는 과정은 생략하고 일을 처리합니다. 그러다 보니 평소에 하던 일에 조금 돌발적인 요소가 생겼다고 해도 뇌는 지금까지 해왔던 일이라고 인식하고 제대로 확인하지 않은 채 중간 과정을 생략하기 때문에 실수가 발생합니다.

이와 관련해서 놀라운 실험 결과가 있습니다.[1] 항공기 조종사들은 플라이트 시뮬레이터로 비행기를 활주로에 착륙시키는 훈련을 합니다. 조종사들의 정면에는 계기판과 활주로 상황을 보여주는 모니터가 놓여있습니다. 그것을 보면 계기판의 수치와 활주로의 상황을 둘 다 확인할 수 있습니다. 그런데 활주로 상에 다른 비행기가 멈춰있고 모니터로 그 상황을 명확하게 확인할 수 있는데도 많은 조종사가 상황을 제대로 보지 않은 채 그 장소에 착륙하려고 한다는 실험 결과가 나왔습니다. 조종사들의 입장에서는 지금까지의 경험을 비추어봤을 때 그런 일은 있을 수 없기 때문에 이러한 결과가 나온 것입니다.

업무 경험이 쌓이면 쌓일수록 "그런 일은 있을 수 없다."라고 단정 짓는 상황도 많아집니다. 그렇게 되면 위에서 말한 실험 결과처럼 '보이는데도 보지 못하는 상황'에 직면하면서 실수가 발생할 위험성이 커짐니다. 이러한 실수를 막기 위해서라도 초심을 잊지 말고 거의 일어나지 않는 일이라고 해도 중요한 것이라면 매번 꼼꼼하게 확인해야 합니다. 앞서 말했던 조종사 실험으로 예를 들면, 활주로에 다른 비행기가 멈춰 있지 않은지 살펴보는 데에 주의력을 기울여야 한다는 의미입니다.

# 집중력이 떨어지기 전에
# 휴식한다

#피곤하다
#며칠째 야근이다
#집중력이 유지되지 않는다
#머릿속이 멍하다

☑ 짧은 시간이라도 틈틈이 휴식을 취한다

☑ 몰입하기 위한 조건을 갖춘다

☑ 힘든 일은 단계를 나눠서 한다. 간단한 일은
　마치 게임 하듯이 "몇 시까지 끝낸다!"와
　같은 규칙을 정한다

☑ 스마트폰은 보이지 않는 곳에 둔다

## 집중력은 오래 유지되지 않는다

주의력과 직접적으로 관련이 있는 주제로 '집중력'이 있습니다. 집중력이란 바꿔 말하면 주의력을 쏟고 싶은 곳에 계속해서 쏟는 힘을 말합니다. 집중력이 떨어지면 실수하기 쉽다는 말을 종종 하곤 합니다. 그렇다면 어떻게 해야 집중력을 계속 유지해서 실수를 없앨 수 있을까요?

아마도 경험상 다 알겠지만, 원하는 곳에 주의력을 기울이는 시간에는 한계가 있습니다. 그래서 아무리 주의력을 최대한 아껴 주의력에 여유가 있는 상황이라고 하더라도 언젠가는 주의력이 떨어지고 집중력도 저하됩니다. 실수를 없애려면 주의력의 지속 시간도 관리할 필요가 있습니다.

주의력의 지속 시간은 노력하면 늘릴 수 있을까요? 안타깝지만 그것은 힘들다는 사실이 과거의 실험으로 이미 밝혀졌습니다. 주의력을 지속시키는 힘을 '의지력$^{will\ power}$'이라고 하는데 이것은 근육과 마찬가지로 많이 쓰면 지칩니다. 예를 들어, 무언가를 한참 참았다면 그 이후에는 한동안 인내력을 발휘하기 힘듭니다.

그래서 실수하지 않으려면 주의력의 지속 시간에도 한계가 있다는 사실을 자각하고 집중력이 떨어져 실수하기 전에 휴식을 취해야 합니다. 이 사실은 다양한 실험을 통해 밝혀졌습니다. 50분이 넘어가면 급격히 실수가 늘어나기 때문에, 50분 동안 집중했다면 이후 15~20분간 휴식을 권장한다는 내용의 경영 공학 분야의 연구 결과도 있습니다.[2] 집중력이 유지되고 있다고 생각했는데 알고 보니 '보이는데도 보지 못하는 상황'일 수 있다는 사실이 확인된 것입니다. 이러한 '트록슬러 효과Troxler effect(특정 부분을 응시하면 몇 초 사이에 그것이 보이지 않게 되는 착시 현상-옮긴이)' 때문에 일어나는 실수를 줄이려면 '아주 사소하더라도 변화를 주는 것'이 효과적이라는 사실이 미국 일리노이대학교의 실험을 통해 밝혀졌습니다.[3]

이 실험에서는 컴퓨터를 보며 단순 작업을 하는 사람들을 몇 개의 그룹으로 나누었습니다. "중간에 한 자리 숫자가 보이면 스위치를 눌러 주세요."라는 지시 사항을 전달한 후, 한 그룹에는 실제로 화면에 숫자를 보여주었고 또 다른 그룹은 숫자를 보여주지 않았습니다. 그 결과, 숫자를 화면에 보여준 (아주 짧은 시간이라도 주의력을 다른 곳에 사용한) 그룹의 실수가 더 적었다고 합니다. 아무리 노력해도 주의력은 언젠가 사라집니다. 주의를 기울이고 있는 것 같지만 중요한 것을 보지 못하는 상황이 벌어집니다. 이것을 자각하고 적극적으로 휴식을 취해야 합니다.

## 게임에 빠진 상태=몰입

한편, 주의력이 몇 시간 동안이나 지속되고 주변 상황도 잘 보이는 경우가 있습니다. 바로 몰입 상태flow일 때 그것이 가능합니다. 무아지경in the zone이라고도 합니다. 이것은 심리학자 미하이 칙센트미하이Mihaly Csikszentmihalyi가 주창한 개념입니다. 그는 암벽 등반과 같이 위태로운 일을 할 때 완전히 몰입해 평소보다 멋진 퍼포먼스를 보여주는 상황에 주목했습니다.

'게임을 하고 있을 때는 집중이 잘 됐는데……'라고 생각한 적 없나요? 이것도 '몰입'이며 '무아지경'에 빠졌다고 할 수 있습니다. 게임은 사람이 가능한 한 오랜 시간, 주의력을 집중할 수 있도록, 한마디로 사람들이 푹 빠져들 수 있게 끊임없이 진화해왔습니다. 지금은 이러한 게임의 특성을 활용해 집중력을 유지하

고 성과를 높이는 게임화<sup>Gamification</sup> 기법을 비즈니스에
도 적용하고 있습니다.

이 개념을 처음 주창한 미하이 칙센트미하이는 주
의력을 계속해서 쏟을 수 있는 상태, '몰입' 상태에 빠
지기 위한 방법으로 7가지를 제시하고 있습니다.

### 1. 무엇을 어떻게 해야 할지 이해하고 있다

"내용이 많거나 복잡해서 무엇부터 손을 대야 할지 모르
겠다."
"손이 많이 간다."
"마감이나 최종 목표가 정확하게 정해져 있지 않다."

이런 상황이라면 주의력을 쏟기도 쉽지 않고 오래
유지되지도 않습니다. 명확한 목표가 없다면 다음과
같은 방법을 활용할 수 있습니다.

- 애매한 부분은 상대방이나 상사에게 정확하게 확인한
  다.
- 정해진 절차가 없고 업무 방식을 자유롭게 선택할 수
  있는 경우라면 해야 할 일을 구체적으로 하나씩 적어보

고 지금 해야 할 일을 정한다(chunk down, 세분화하기).

## 2. 진행 과정을 바로 확인할 수 있다

진행 상황을 수치화해서 바로 확인할 수 있도록 해야 합니다. 결과가 즉시 나오는 경우는 거의 없기 때문에 최종 결과가 나오기까지의 과정(중간 경과) 지표를 설정 및 측정하고 곧바로 피드백하는 시스템을 구축해야 합니다.

예를 들면 일을 시작하기 전에 해야 할 일을 최대한 세분화한 리스트를 만들어 놓고 끝날 때마다 하나씩 체크합니다. 이렇게 하면 어느 정도 진행이 되었는지 바로 알 수 있어 몰입하기 쉽습니다.

## 3. 자신의 능력과 업무 난이도의 균형을 맞춘다

게임은 너무 쉬워도 너무 어려워도 중간에 주의력이 흐트러집니다. 너무 쉬우면 지루하게 느껴지고 너무 어려우면 중간에 포기해버리기 때문입니다. 일도 마찬가지입니다. 지금부터 해야 하는 업무에 주의력을 쏟을 수 있도록 업무의 난이도를 조정해야 합니다. 회사 일이라서 난이도를 조정하기 힘들다고 생각할 수 있지만 그렇지 않습니다.

우선 업무가 지나치게 쉽다면 스스로 미션을 정합니다. 예를 들어, "평소에는 1시간 걸리는 일이지만 30분 만에 마친다."와 같이 평소보다 적은 시간을 들여 같은 성과를 낼 수 있도록 스스로 규칙을 설정합니다.

반대로 지나치게 어렵다면, 그 업무를 몇 가지 단계로 세분화합니다. 너무 어려우면 업무를 할 때 부담감이 커집니다. 초조함과 불안감도 느끼게 되고 그러한 감정에 주의력을 빼앗깁니다. 하지만 업무를 세분화해보면 그중에는 압박받지 않고 수월하게 할 수 있는 일도 있습니다. 우선 그런 일을 먼저 시작하면 주의력이 낭비되는 것을 막을 수 있고 원활하게 업무를 할 수 있습니다.

## 4. 업무의 취지와 가치를 알고 있다

사람은 자신이 하는 일의 취지와 가치를 알지 못하면 의욕도 생기지 않고 집중하기도 힘듭니다. 같은 일이라도 그 일의 취지와 중요성을 알고 있는지 없는지에 따라 성과는 크게 달라집니다.

석공이라는 직업을 예로 들어보겠습니다. 단순히 돌을 쌓는 일을 한다는 생각으로 일하는 사람과 내가 이 돌을 쌓으면 멋진 대성당이 완성될 것이고 많은 사람에게 편안함을 줄 수 있다고 생각하며 일하는 사람의 업무 성과를 비교했을 때 큰 차이가 생길 수밖에 없습니다.

회의 의사록을 작성하는 업무를 맡았을 때도 단순히 회의에서 나왔던 말을 적기만 한다고 생각하면 마냥 귀찮고 번거로운 작업으로 느껴집니다. 하지만 왜 이 일을 해야 하는지 스스로 생각해 보고 "이렇게 기록으로 남기면 프로젝트의 방향성을 관계자들과 공유할 수 있다.", "장기적으로 프로젝트의 효율적인 진행 방식이 무엇인지 생각해 볼 수 있다." 등 이 업무의 가치나 목적을 찾는다면 훨씬 더 집중도를 높일 수 있습니다.

### 5. 주의력을 빼앗는 물건은 멀리 둔다

필요한 대상에 주의력을 집중시키기 위해서는 불필요하게 주의력을 빼앗는 물건을 눈에 띄지 않는 곳에 두어야 합니다. 스마트폰을 책상 위와 같이 잘 보이는 곳, 바로 손에 닿을 수 있는 곳에 두지 않아야 하고 방해가 될 만한 소리도 차단해야 합니다. 다만, 지나치게 조용한 환경에서는 아주 작은 소리에도 주의력을 빼앗기게 되기 때문에 약간의 백색 소음이 있는 편이 집중하기 쉽습니다. 시간이나 장소 등 주의력을 빼앗기지 않고 깊이 집중할 수 있는 환경을 스스로 만드는 일도 중요합니다.

### 6. 대상과 하나가 된다

집중해야 하는 대상에 주의력을 쏟다 보면 그 대상과 자신이 하나가 되면서 다양한 기대나 감정, 욕망 등이 사라집니다. 이렇게 자기 자신을 위해 주의력을 쓰지 않으면 주의력에 여유가 생겨 대상은 물론이고 주변 상황에도 신경 쓸 수 있게 됩니다. 효율적이고 적절하게 행동할 수 있습니다. 주의력이 전혀 낭비되지 않고 원하는 목표를 달성하기 위해 필요한 곳에만 주의력을 사용하기 때문에 효율은 더 높아지고 대상과 완전히 일체화되어 평소보다 훨씬 뛰어난 성과를 낼 수 있습니다.

### 7. 결과가 아니라 활동이나 경험 자체를 즐긴다

'지금 하는 일이 잘 될까? 잘 안될까? 그것이 어떤 결과를 초래할까? 나한테 도움이 될까? 손해일까? 이런 것들에는 전혀 주의력을 쓰지 않고 순수하게 그

활동 자체가 즐겁고 이 일을 하는 것만으로도 가치 있다고 느낀다.' 이러한 상태가 되면 주의력을 낭비하는 일도 없어지고 자신의 주의력을 온전히 활동을 수행하는 데에만 쓸 수 있기 때문에 업무도 생각했던 대로 착착 흘러가고 더 큰 보람을 느끼게 되는 선순환 구조가 생겨납니다.

위에서 말했던 모든 항목이 잘 갖추어져야만 몰입할 수 있는 것은 아니니 이 중 한두 가지라도 의식해서 해보시길 바랍니다. 그렇게 하다 보면 주의력을 낭비하는 일이 없어지고 집중해야 하는 대상이나 활동 자체에 주의력을 오롯이 쓸 수 있어 실수 없이 업무를 해낼 가능성이 높아집니다.

## 다른 일이 신경 쓰여 도무지 집중이 되지 않는다

반대로 신경 쓰이는 일이 있어서 그 일에 주의력을 빼앗겨 몰입은커녕 집중이 전혀 되지 않을 때도 있습니다. 우선순위가 높은 중요한 일이 있거나 마감이 임박한 일이 있는데도 다른 일이 신경 쓰여 좀처럼 일이 손에 잡히지 않는 상황입니다.

그럴 때는 억지로 무리해서 집중하려고 하다 보면 또 '집중해야 한다.'는 생각에 주의력을 빼앗기는 악순환에 빠지게 됩니다. 당연한 말이지만 그 상태에서는 실수할 위험성도 커집니다. 그럴 때는 신경 쓰이는 다른 일을 먼저 해결하는 편이 좋습니다. 그 일을 마치고 나면 더 이상 주의력을 빼앗길 일도 없기 때문입니다.

만약 지금 바로 착수할 수 없는 일이라면 언제 시작할지를 구체적으로 정합니다. 그렇게 하면 계속 그 일에 신경을 쓰지 않아도 되기 때문에 주의력에 여유가 생깁니다. 확실하게 계획을 정해놓지 않으면 그 일에 계속 신경을 쓰느라 주의력이 낭비되지만 이렇게 구체적으로 어떻게 할지 정하고 나면 더는 그 일에 주의력을 쓰지 않아도 됩니다.

# 실수를 마음에
# 담아두지 않는다

\# 같은 실수를 반복한다

\# 실수를 계속 마음에 담아둔다

\# 실수를 털어버리지 못하고 계속
  끙끙대다가 또 실수한다

☑ 나중에 반성하기로 하고 실수는 담아두지
   않는다!

☑ 같은 실수를 반복한다면 자신의 패턴을
   파악해야 한다

☑ 공부할 때 효과적인 오답 노트를 쓴다

☑ 실수를 담아두지 않으려면 자신이 아니라
   다음 할 일에 주의력을 사용한다

한 번 실수하면 연속적으로 실수가 발생하기도 합니다. 실수하고 나면 당황하거나 후회하게 되고 거기에 또 주의력을 빼앗깁니다. 당연히 주의력에 여유가 없어지고 집중해야 하는 대상에 신경 쓰거나 생각할 여유도 없기 때문에 또다시 실수가 일어나는 악순환에 빠집니다.

실수는 빨리 잊어버려야 합니다. 계속 마음에 담아두면 소중한 나의 주의력이 계속 낭비되기 때문입니다. 그리고 실수했을 때 '지금 또다시 실수하기 쉬운 상황'이라는 사실을 자각해야 합니다.

마지막으로 실수를 배움의 계기로 삼을 것. 즉 다음에는 어떤 부분에 더 주의력을 써야 하는지 말로 정리해보면 주의력을 효과적으로 쓸 수 있고 실수도 줄어듭니다. 반대로 실수를 계속 담아두고 자책하는 일은 피해야 합니다. 이렇게 실수를 자책하며 자신에게 주의력을 쓰는 일은 무의미하게 주의력을 낭비하는 것에 불과합니다. 그러다 보면 그 대상이나 주변 상황에 신경 쓰지 못하게 되고 그것이 또 다른 실수를 낳습니다. 점점 더 악순환에 빠져들 뿐입니다.

# 같은 실수를 반복한다

한 번 실수하고 나서 잊을만하면 또 같은 실수를 반복하기도 합니다. 앞에서도 말했지만 실수했다는 것은 주의력을 써야 하는 곳에 쓰지 못했다는 의미입니다. 다른 곳에 더 신경을 쓰고 있었다면 다음에는 실수하지 않도록 어디에 주의력을 써야 하는지를 말로 표현해 보면서 스스로 인지해야 합니다. 또 필요한 곳에 주의력을 집중할 때 방해 요소가 있다면 이를 제거해야 같은 실수가 발생하지 않습니다.

예를 들어, 서류의 날짜를 잘못 적는 등 사소한 실수가 많다면 "나는 서류 내용에만 너무 신경 쓰다 보니 사소한 부분을 놓치는구나." 라든가 "숫자 실수가 많네. 숫자는 두 번 확인해야겠다."와 같이 언어화하는 것입니다. 다음부터는 조심해야겠다는 모호한 말로는 실수가 줄어들지 않습니다.

사람들마다 각각 주의력을 집중시키기 쉬운 분야, 반대로 주의력을 빼앗기기 쉬운 분야가 다르기 때문에 같은 실수가 나오는 것은 어떻게 보면 당연합니다. 물론 체크리스트를 만드는 것도 효과적인 방법입니다.

시험공부를 할 때 매우 효과적인 방법은 '오답 노트'를 만들어서 틀린 부분을 말로 정리해보며 다시 복습하는 것입니다. 의식적으로 언어화하지 않으면 아무래도 모호한 채로 그냥 넘어가게 됩니다. 실수를 다시 되짚어보고 반성하는 일은 기분 좋은 일은 아니지만 그렇게 하지 않으면 같은 실수를 반복할 수밖에 없습니다.

## 실수를 담아 두는 사람과 그렇지 않은 사람

마지막으로 실수를 담아 두지 않고 빨리 털어버리는 방법을 소개하겠습니다. 실수를 담아 두는 사람들은 공통적인 특징이 있습니다. 그것은 바로 자기 자신, 그리고 과거에 주의력을 쓰는 일이 많다는 점입니다.

'이런 실수를 하다니 난 정말 안 되겠어.'
'또 실수했어. 난 정말 재능이 없나 봐.'

이렇게 자기 자신과 과거의 일에 주의력을 쓰게 되면 중요한 일이나 미래의 일에는 주의력을 쓸 수 없어 앞으로 나아가지 못합니다. 그럴 때는 고객이나 일과 같이 자기 자신이 아니라 상대나 대상에 주의력을 집중시켜야 합니다. 그렇게 하면 앞으로 어떻게 해야 할지 미래에 대해 더 생각할 수 있기 때문에 부정적인 생각에서 벗어날 수 있습니다.

'이런 실수를 하다니 난 정말 안 되겠어.'가 아니라 '이번에는 실패했지만 만회하려면 어떻게 해야 하지?'라고 생각해야 합니다. '또 실수했어. 난 정말 재능이 없나 봐.'가 아니라 '이 실수 때문에 무슨 일이 벌어졌지? 앞으로 실수하지 않으려면 어떻게 해야 할까? 이러한 상황에서 무엇을 하면 나아질까?'와 같이 상대방이나 대상, 그리고 미래에 주의력을 집중해야 합니다.

# 자신의 의지를 지나치게
# 믿지 않는다

#회의 중에 졸았다
#졸다가 내릴 역을 지나쳤다
#늦잠을 자서 지각했다
#술을 마시면 물건을 잃어버린다

☑ 주의력의 한계를 알고 의지력을 과신하지
　않는다

☑ 수면은 기억을 정리하는 시간이다. 쓸모없는
　시간이 아니다

☑ 한 번에 못 일어난다고 생각하고 알람을
　여러 번 설정한다

☑ '외부의 주의력＝알람'을 활용한다

회의에서 나도 모르게 깜빡 졸거나 늦잠을 자서 지각하고, 취해서 주변 사람들에게 피해를 주는 것도 실수입니다. 물론 다른 실수와 마찬가지로 모두가 이런 실수를 하고 싶어서 하는 것은 아닙니다. 다른 사람들에게 지적받거나 스스로도 이러지 말아야겠다고 생각하지만 실수를 줄이는 데에는 아무런 도움이 되지 않습니다.

수면욕은 인간의 생존과 직결되는 기본적인 욕구고 알코올은 뇌를 직접적으로 마취시켜 주의력 그 자체를 마비시키기 때문에 웬만한 의지로는 도무지 당해낼 수가 없기 때문입니다. 우선은 '자신의 노력=의지'로는 극복할 수 없다고 포기하는 편이 오히려 실수를 줄이는 지름길입니다.


## '졸리지만 버텨봐야지!'라는 생각 자체가 실수다

우선은 졸음에 대해서 이야기하겠습니다. '자면 안 돼, 자지 마. 정신 차려!'라고 의식하고 있는 상태는 자지는 않지만 결국 소중한 주의력을 낭비하고 있는 상황입니다. 이러한 상태로 회의에 참석하거나 일을 한다고 해도 실수할 가능성이 높습니다. 그럴 때는 억지로 버티려고 하지 말고 몸을 움직이거나 화장실에 다녀오면 좋습니다. 시간이 된다면 잠깐 자리를 비우고 5분 만이라도 눈을 붙이는 것이 잠을 쫓는 좋은 방법입니다.

실제로 졸지는 않더라도 졸린 상태로 일하는 것 자체가 실수이고, 실수하기 쉬운 상황을 스스로 만들고 있다는 사실을 자각해야 합니다. 그리고 일할 시간이 부족하면 수면 시간을 줄일 수밖에 없습니다. 그런데 최근 뇌과학 연구를 통해 뇌가 수면 시간에 기억을 정리한다는 사실이 밝혀졌습니다. 수면 시간을 줄이는 것도 어떻게 보면 큰 손실입니다. '수면=시간 낭비=최대한 줄여야 한다'라고 생각하지 말고 수면 시간을 충분히 확보해야 합니다.

## 다시 잠드는 것을 막기 위해 알람은 2단계로 맞춘다

늦잠이 고민이라면 우선 '절대 늦잠 안 잘 거야!'라는 다짐이나 각오만으로는 나아지지 않는다는 사실을 받아들여야 합니다. 그것이 실수를 예방하는 첫

걸음입니다. 일어나기 위해 다양한 노력을 하겠지만 가장 주의해야 하는 것은 일어났다가 나도 모르게 알람을 끄고 다시 잠드는 상황입니다. 아마도 업무에 직접 영향을 주는 늦잠은 다시 잠들었을 때 생기는 경우가 많습니다.

물론 이것도 '절대 다시 잠들지 않을 거야. 한 번에 일어나야지!'라는 다짐은 의미가 없기 때문에 다시 잠들 것으로 생각하고 알람을 설정해야 합니다. 처음에 일어나야겠다고 생각한 시간에 설정한 알람과는 별개로 지금 반드시 일어나지 않으면 지각하는 시간에도 알람을 하나 더 설정합니다. 당장 일어나서 서둘러 준비하지 않으면 지각하는 시간에 알람이 울린다면 알람을 끄고 다시 잠드는 일은 없을 것입니다.

그리고 다음 날 늦게 일어나는 상황에 대비해 자기 전에 외출 준비를 모두 해놓는 것도 늦잠으로 생기는 실수를 줄이는 방법입니다. 자는 동안에는 실수를 막기 위해 필요한 주의력 자체를 사용할 수 없기 때문에 노력이나 정신력에 의지하지 말고 철저하게 시스템화해야 합니다.

## 술은 주의력을 마비시킨다

마지막으로 술 때문에 벌어지는 실수입니다. 술은 주의력 자체를 약화시키기 때문에 맨정신일 때 과음하지 말아야겠다고 결심하더라도 술을 마시다 보면 금방 잊어버립니다. 또 처음에는 과음하지 않도록 신경 쓰고 자제할 수 있지만, 주의력이 오래 유지되지는 않다 보니 중간에 흐트러지기 쉽습니다. 주의력은 근육과 마찬가지로 시간이 지나면서 피로해지고 약해집니다. 게다가 술이 들어가면 주의력은 한층 더 흐트러지고 시간이 지날수록 상황은 악화됩니다. 과음하면 주의력이 흐려지다 보니 술을 더 마시게 되는 악순환에 빠지고 결국에는 폭주하게 됩니다.

이러한 사태를 염두에 두고 '자신의 의지=주의력'에만 의존하지 말고 미리 시스템을 구축해놓아야 합니다. 예를 들면, 아침에 일어날 때와 마찬가지로 알람을 맞추는 것도 방법입니다. 그리고 주변 사람에게 술을 너무 많이 마시면 자제를 시켜달라고 미리 부탁해놓는 것도 좋습니다. 또 취하는 속도를 조금이라도 늦출 수 있도록 술과 같은 양의 물을 함께 마시는 습관을 들이는 것도 효과적인 방법입니다. 기분 좋게 술

자리를 즐기고 실수 없이 시간을 보내려면 술자리에
서는 절대 주의력에 의지해서는 안 됩니다.

1    시노하라 가즈미쓰 〈인지심리학으로 본 휴먼 에러〉, 2015[https://
     www.jstage.jst.go.jp/article/medicalgases/17/1/17_7/_pdf]
2    고야노 에이이치 〈입력 실수의 특성과 적절한 대응〉 일본경영공학회
     지, 1990
3    ScienceDaily "Brief diversions vastly improve focus,
     researchers find"2011.2[http://www.sciencedaily.com/
     releases/2011/02/110208131529/htm]

# 참고문헌

《교육 효과를 가시화하는 학습 과학(Visible Learning and the Science of How We Learn)》존 해티&그레고리 예이츠 저

《교양으로서의 인지과학(教養としての認知科学)》스즈키 히로아키 저, 도쿄대학출판회

《현대의 인지심리학4 주의와 안전(現代の認知心理学4注意と安全)》일본인지심리학회·하라다 에쓰코·시노하라 가즈미쓰 편저, 기타오지쇼보

《보이지 않는 고릴라(The Invisible Gorilla)》크리스토퍼 차브리스, 대니얼 사이먼스 저, 김명철 역, 김영사

《사회적 뇌 시리즈3-주의력을 컨트롤하는 뇌(社会脳シリーズ3-注意をコントロールする脳)》오사카 나오유키 편, 신요사

《시리즈 통합적 인지 1권 주의: 선택과 통합(シリーズ統合的認知第1巻 注意—選択と統合)》가와하라 준이치로·요코사와 가즈히코 저, 게이소쇼보

《신 이너게임(The Inner Game of Tennis)》티머시 골웨이 저

《기억의 일곱 가지 죄악(The Seven Sins of Memory)》대니얼 L. 샥터 저, 박미자 역, 한승

《인지뇌과학(認知腦科学)》시마다 소타로 저, 코로나사

《작업 기억과 교육(ワーキングメモリと教育)》유자와 마사미치 · 유자와 미키 편저, 기타오지쇼보

## 실수하지 않는 사람들의 사소한 습관

**초판 1쇄 발행** 2022년 11월 11일

**지은이** 이이노 겐지·우쓰데 마사미
**옮긴이** 이효진
**펴낸이** 김기용 김상현

**편집** 전수현 김승민 　 **디자인** 이현진 　 **마케팅** 조광환
**콘텐츠홍보** 김정아 박지훈 김지우 조아현 송유경 성정은 　 **경영지원** 홍성현

**펴낸곳** 필름(Feelm) 출판사
**등록번호** 제2019-000086호 　 **등록일자** 2016년 6월 13일
**주소** 서울시 영등포구 양평로30길 14, 세종앤까뮤스퀘어 907호
**전화** 070-8810-6304 　 **팩스** 070-7614-8226
**이메일** book@feelmgroup.com

**필름출판사 '우리의 이야기는 영화다'**
우리는 작가의 문체와 색을 온전하게 담아낼 수 있는 방법을 고민하며 책을 펴내고 있습니다.
스쳐가는 일상을 기록하는 당신의 시선 그리고 시선 속 삶의 풍경을 책에 상영하고 싶습니다.

**홈페이지** feelmgroup.com 　 **인스타그램** instagram.com/feelmbook

**ISBN** 979-11-92403-15-1 (03190)